%100
ŞİFA

NEMESİS KİTAP / Kişisel Gelişim
Yayın Numarası: 495

%100 Şifa Mine Ölmez

Yayın Yönetmeni: Serap Çakır
Yayın Koordinatörü: Melih Günaydın
Editör: Rose Mary Samanoğlu
Kapak Tasarımı: Cem Özcan
Sayfa Düzeni: Efdal Basan
Sosyal Medya: Damla Tuzcu

ISBN: 978-605-7649-47-8
16. Baskı: Ağustos 2022
(Her baskı 1000 adet)

Nemesis Kitap:
Gümüşsuyu Mah. Osmanlı Sok. Osmanlı İş Merkezi 18/9 Beyoğlu/İstanbul
Tel.: (0212) 222 10 66 info@nemesiskitap.com • www.nemesiskitap.com
Sertifika No: 49065

Baskı ve Cilt:
Yıldız Mücellit Matb. ve Yay. San. Tic. A.Ş.
Maltepe Mah. Gümüşsuyu Cad. Dalgıç Çarşısı Apt. No: 3/4
Zeytinburnu/İstanbul
Tel.: 0212 613 17 33 Faks.: 0212 501 31 17
Sertifika No: 46025

Mine Ölmez

%100 ŞİFA

Çok özel yöntemlerle...

nemesis
KİTAP

Mine Ölmez Gürdoğan 1989 yılında Mersin'de doğup büyüdü. Resim ve müziğe olan yeteneğinden dolayı lise eğitimi için Güzel Sanatlar'ı tercih edip Nevit Kodallı Anadolu Güzel Sanatlar Lisesi'ni, ardından Çukurova Üniversitesi Güzel Sanatlar Fakültesi'ni iyi dereceyle bitirdi. Astrolojiye ve ruhsal konulara olan ilgisi ortaokul yıllarında başladı ve daha o yaşlarda astrolojiyle ilgili yaptığı ilginç yorumlarıyla dikkat çekti. 2014 yılında başladığı Astroart Astroloji Okulu'ndan 2017'de mezun oldu. 2010 yılında Ankara'da NLP Master Trainer ve yaşam koçluğu eğitimleri aldı. Hastalık ve birtakım sorunlardan dolayı geç kalınmış bir adım gibi görünse de, aslında her şeyin daima olması gerektiği zamanda gerçekleştiğinis astroloji sayesinde kavradı. Yazarın hayattaki amacı, astrolojinin her şeyden önce bir sanat olduğunu ve en faydalı kadim öğretilerin başında geldiğini insanlara anlatmaktır. *İsteğin Benim İçin Emirdir* yazarın ilk kitabıdır.

minninastrolojisayfasi

Bu kitabı herkes okuyacak.

Bir kısmı şükran duyup, bir kısmı karşı çıkacak.

Pek azı iyice anlayacak.

Anlayanlar her iki dünyada da huzura ve zenginliğe kavuşacak.

Sevgi ve şükranlarımla...

İÇİNDEKİLER

ÜÇÜNCÜ BÖLÜM
Mutluluğa Giden "Gerçek" Yol ve Yöntemler

DÖRDÜNCÜ BÖLÜM
Esmayıhüsna ve Astroloji

BEŞİNCİ BÖLÜM
Burçların Sembolleri ve Anlamları

ÖNSÖZ

Hiç kimse değilim, hiçbir şey! İlla ki tanımlamak isterseniz henüz deliliği ispat edilmemiş bir meczubum ben. Daha kendimi bilmezken içimde evrenin türküsü çalardı, ne zaman bir kötülük etsem kafamda bir tokmak! Hiçbir cana arkamı dönüp gidemedim yarasına merhem olmadan. Yine de sen bu kitabı okurken bil ki ben bir hiçim ve yazdıklarıma layık değilim. Onları temsil edecek iyilik de güzellik de bende yoktur. Sen bu kitabı okuyup kendine bir yol açtığında göreceksin ki imkânsız diye bir şey yokmuş, sadece her kapı için doğru anahtar varmış.

Herkes kim olduğunu, ne olduğunu soruyor. Kimisi bunu sormadan sadece ihtiyaçlarına yöneliyor. Hangi türküyü tuttu rursan tuttur, ister gam türküsü söyle, ister oyun havası, tüm tekamül sınavları, tüm dersler er ya da geç bir gün kapını çalacak. İşte o gün geldiğinde sen de benim gibi tüm kudretlerin üstündeki kudrete tutunmuş ve güvende ol. Arı kovanına çomak sokma, dilini üslubunu düzelt ve doğru anahtarı doğru kilitle buluştur diye yazdım. Her şeyin suiistimal edildiği bir dönemde Yaradan'a bile düşüncesizce ithamlarda bulunan, inancı dahi maddeleştirmeye çalışan bir kalabalığın içinden ayrıl ve ayrış diye yazdım.

Mine Ölmez

BİRİNCİ BÖLÜM

En Değilsin! Peki "Ne"sin?

En Değilsin! Peki "Ne"sin?

Tanıdığım, tanıştığım birçok insanın, annem de dahil, hep şu cümleyi kurduğunu duydum: "Hayatımı yazsam roman olur." Siz de duymuşsunuzdur. Hatta daha iddialı olup, "Benim gibi kimse yaşamadı, hayatım roman olsa okuyanlar şoka girer, çok satanlarda ilk sıraya yerleşir," diyenleri de duydum.

Öyle bir yanılsama içindeyiz ki, başımıza gelenlerin olağandışı olduğuna inanıyoruz. Oysa buranın dünya olduğunu hatırlamamız gerekiyor, burada olağandışı olacak şey uzaylı istilası, dünyanın rutinin dışına çıkıp başka bir galaksiye doğru sürüklenmesi ya da bir sabah güneşin batıdan doğması olabilir. Buna karşın, hastalık, acı, başarısızlık, birden fazla evlilik, ayrılık, şiddet ya da zulüm görmek, taciz mağduru olmak, kazalar, kayıplar ve daha sayabileceğim birçok durum olağandır. Fakat biz bunlardan biri başımıza geldiğinde yeniden hayata dönemeyecek kadar güçsüz hissediyoruz. Özellikle birden fazlasını deneyimleyenler, kendilerini olağandışı şeyler yaşayıp ayakta kalan özel kişiler zannediyor. İşte biz hep bu noktada yanılıyoruz. Bu yüzden ufak depremlerde ya da kötü bir haberde korkuyla sarsılıyor ve ruhsal dengemizi kaybediyoruz. Halbuki tek yapmamız gereken dışarıdaki tüm gürültüye inat içimize dönmek ve neden burada olduğumuzu hatırlamak. Biz her şeye rağmen insan kalabilmek, her koşulda umut edebilmek, yeniden başlama cesareti gösterebilmek için buradayız.

Kandırılıyoruz

Kişisel olarak öyle çok geliştik ki artık moralimizi bozacak diye eşi dostu aramayı bıraktık. Yolunda gitmeyen işlerimizin faturasını nazar eden komşumuza ya da enerji vampiri arkadaşlarımıza yükledik. İçimizdeki potansiyelin çok yüksek olma ihtimalini devleştirdik ve kendimizi "dünyanın en bilmem nesi" olarak tanımlar hale geldik. Kişiliğimiz gelişsin, bakış açımız değişsin diye okuduğumuz kitaplar ya da dinlediğimiz insanlar bizi o kadar özel, o kadar güzel olduğumuza inandırdı ki kimseyi beğenmez, kendimize layık görmez olduk.

Şiddet barındırmayan, belki sadece yavan ama iyileştirilebilir ilişkiler de egomuzun kurbanı oldu. Kişiliğimizin gelişip şiştiği yerlerde yapayalnız kaldık, herkesi uzaklaştırdık. Doğru söyleyeni köye almıyoruz, artık hiç giremiyor içeri. Her gün şişirilmiş balonlar gibi altın tepsilerde sunulan yalanlara bir umut inanıyoruz.

Oysa isteklerimizi bize getiren isteyiş biçimimizden çok ona inanmamız ve gerçekten çok istiyor olmamız. Gönülden, en candan isteyene sadece bir Rabbi Yessir yeter: "Allahım kolaylaştır zorlaştırma, işimi tamamlamam için bana yardım et."

Bu birkaç sözcük her şeyin özü değil mi? Gerisi çalışmak, emek vermek değil mi? Çalışmak ibadet etmek değil mi? Hiçbir altyapısı olmayan, hiçbir yeteneği, çabası olmayan birine sadece dualar ya da ritüeller yardım eder mi? İşin özü önce kendini anlamak, ne istediğini bilmek, emek harcamak ve çaba göstermekten geçmiyor mu? Unuttuk. Unutturuldu. Çünkü cebimizdeki on, on beş lirada gözü olan birileri bize gerçekleri değil, mutlu eden yalanları söyleyip amaçlarına ulaşmak istiyorlar.

Biz umut etmek için yanlış ihtimallerin peşinden gittik. Bir çare bir yol aradık, evet, hata yaptık ama önemli olan bundan sonrası. Bundan sonra yapmamız gereken daha ciddi şeyler var.

Mevcut Durumunu Kabul Et

İnkâr etme. Sorunlu bir ilişkin, fizyolojik kusurların, kötü bir işin, seni mutsuz eden bir hayatın olduğunu kabul et. Ama onu olduğundan büyük görüp, dertler bir tek seni deşiyormuş gibi davranma. Etrafına bak. *Kurban değilsin.* Çevrende, ülkede bu kadar ekonomik sıkıntı ve acıyla boğuşan insan varken, boşanmalar bu kadar yaygın, aldatma vakaları bu kadar artmışken, ekonomik sıkıntılar herkesin bir biçimde sorunuyken sen kurban değilsin. Yapacak bir şeyin yok, sorunların boyundan büyükmüş, seni yiyip bitiriyormuş gibi düşünmekten vazgeç.

İnkâr etmek, kabul etmemek, yok saymaya çalışmak sadece hastalık ve hüzün getirir. İnkâr etmeyin, yok saymayın, size uymayan durum ve koşullar olabileceğini kabul etmeye bakın. Bir anne ya da babaysanız göreceksiniz ki sizden doğan evlat bile sizinkilerden bambaşka ideallere sahip. Tüm hüzünlü aile hikâyeleri ve filmlerde evladına birtakım fikirler dayatıp, olmayınca yıllarca küs kalan insanları izlersiniz. Gerçek hayatta da böyledir. Evlat kendi yolunu çizmek, kendi serüvenini yaşamak ister, ama bazen bedeli kendi ana babasıyla yıllarca konuşmamak bile olabilir. Oysa anne ya da baba tam en kritik anda, "Ben senin bu yaptığın şeyin sonucunun seni üzeceğini düşünüyorum, hatta eminim, ama bu yüzden senin isteğini yok sayamam. Bu yaptığın şeyin tüm sorumluluğunu göğüslemeyi kabul ediyorsan yaşamak istediğini yaşa, eğer yorulursan bir omuz ararsan ben buradayım," diyebilse zaten işte o noktada inat enerjisi yerine, şüphe enerjisine giren evlat belki daha doğru bir karar verecek. Diyelim ki inat etti ve yanlış karar verdi, en azından bu süreçte evladınızla aranız kötü olmamış ve var olan sorunlar üzerine evladınızla ilgili üzüntüleri de eklememiş olacaksınız. Büyüklerimizin de dediği gibi, "Allah kimseye çekebileceğinden fazla yük vermezmiş". Bu sözü hatırla, mevcut durumunu ve gerçeğini gör. Geriye sadece içinde bulunduğun durumun sorumluluğunu almak kalıyor. Bunun için başkalarını suçlamayı bırak. Biri seni denizin ortasına itip kaçsa o an denizden kurtulmaya, boğulmamak için çaba göstermeye mi çalışırsın, yoksa beni niye itti diye düşünüp boğulmayı mı beklersin? Tabii ki hiçbir şey düşünmeden sadece doğru kulaçları atarak kurtulmak istersin. Bu noktada çırpınmak da yanlış. Çırpınmak acemice sağa sola koşturup yanlış yerlerde umut tacirliği yapanların eline düşmek gibidir. Bu yüzden önce yüzmeyi, hayatla ve sorunlarla baş etmeyi öğrenmen gerekir.

Hayat sen doğar doğmaz, gaz sorunu dahil, gözünün yaşına bakmadan sana sorunlar çıkarıyor. Minnacık bebekken bile annenden emdiğin süt burnundan geliyor. Boğulmamak için kusmayı öğreniyorsun. Sadece hikmeti gör. Deneyimlerinin sana öğrettiklerini. Lütfen kendine uzaylı prenses ya da prens muamelesi yapmaktan vazgeç. Hayatın içinde sen de bir insansın ve insanların yaşadığı olağan sorunlardan kendini muaf tutamazsın. Gerçeklerden kaçma, kabul et.

Bunu yaparken acımasız da olmamalısın. Kendini içinde bulunduğun sorun için çok fazla yargılama, yerden yere vurma. Bu gezegenden gelip geçen insan sayısını bilemiyoruz, ama emin ol sen bu konuda da "tek" ya da "en" değilsin. Bunu kabul et. Gerçeklerden kaçarsan ya da onlara bütün bütün tutunup kendini kurban gibi görürsen, anlık iyi olan, ama çoğunlukla kötü hisseden, dengesiz, en sonunda da güvensiz ve huzurunu kaybetmiş birine dönüşürsün. Kurşun döktürmek, dua okumak, tuz yalamak seni birkaç gün iyi hissettirse bile sorunun kaynağının ve çözümünün sende olduğunu kabul etmediğin sürece iyileşemeyeceksin.

Bazen...

Sesini duyan yok gibi, seni gören yok gibi. Beklediğin cevaplar yok, ilahi adalet yok, doğruluk yok, hak yok, hukuk yok. Bazen "sevgi yok, bu hayatta biraz bile yerin yok, kimsen yok, hiçbir şeyin anlamı yok" gibi gelir. Bunun nedeni senin olanlara ve olaylara çok fazla anlam yüklüyor olmandır. Duygularına, hissettiklerine, yaşadıklarına büyük büyük anlamlar yüklemeyi bırakırsan, hayatın içinde bazen yenilgi gibi görünen şeylerin aslında kurtuluş ve arınma olduğunu görürsün.

Yenilgi seni yüklerinden kurtaran bir kapıdır, ama stresle ya da üzüntüyle açıldığı için sen onu ceza girişi zannedersin. Oysa hayat sadece yolunu yönünü değiştirmek ister. Yaradan ve hayatın işleyişi, bizimkinden daha güçlü bir zekâ ve kurgu becerisine sahiptir. Bu noktada anlam veremediğin konuları acı, adaletsizlik, yenilgi diye isimlendirmeden önce zamana bırakıp ilahi matematiği izlemeyi seçmelisin.

Ben bittim, yenildim dediğin noktada, kendine her zamankinden daha çok sarıl ve çizgini bozma, çünkü güneş çok yakında örtülemez biçimde doğacak. Hep söyledikleri gibi: En karanlık, en yok, en zifiri an güneşi koynunda saklar. Güven, inan, sabret, bekle. Güneşin doğması, senin "en" mükemmel insan pozisyonuna gireceğin anlamına gelmeyebilir. Sadece yeniden başlayabilmen, yeniden sevebilmen, yeniden güvenebilmen, içindeki hüznün gitmesi, iyileşebilmen için oradadır.

İlk hedefin yeniden umut edebilmek olsun.

Kendini Şanssız Hissediyorsan...

Bil ki birçok insan böyle hissediyor. Herkes çaldığı kapılar açılmayınca şanssızlıktan dem vuruyor. Hatta komşunun tavuğu fil gibi görünüyor gözüne. "Bütün arkadaşlarım evlendi, çoluk çocuğa karıştı ben hâlâ bekârım, işsizim, okulu bitiremedim, sınıfta kaldım, iki kere evlendim olmadı..." Oysa bunlar şanssızlık değil, *insan* ve *kaderidir.*

Acı çekmek ya da zorlayıcı olaylar yaşamak insan olmanın bir parçasıdır. Sorun bunu sadece sen yaşıyorsun zannedip melankoliye kapılmaktadır. Acı geldiği an insan sudan çıkmış balık gibi çırpınır ve bir an önce ondan kurtulmak ister, baş edemediği için ilaçlar da dahil her yolu dener. Ama ilk yapması gereken şey acıyı inkâr etmek değildir. Acının geldiği ilk an gözyaşının iyice akması ve ruhunu yıkaması gerekir. İnsanın içine akan zehri iyice akıtması, dökmesi, kendini sallaya sallaya ağlaması gerekir. Bizim sorunumuz bu. Ağlayana ağlama, gülene gülme demek. Halbuki gülmek ve ağlamak insana gözü, kulağı gibi gerektiği için verildi. Ağlamak içimizi yıkayan bir nimet, gülmek kalbimizi coşturan bir hediyedir. Sorun çoğu zaman dozdadır. Acı süresinin uzaması ve olağanın dışına çıkması durumunda ise yine cesaret edip işin doktorundan, uzmanından destek almak gerekir. Biz ilk süreci inkâr ettiğimiz ve kendimize zaman tanımadığımız için hastalanıyoruz.

Eğer acı çekiyorsan, süresi dolmuş bir yas içindeysen, şanssız hissediyorsan lütfen en yakın pencereyi aç, içini taze nefesle doldur, derin derin içine çek havayı ve zihninde kendini karşına oturt. Bir başkasına bakıyor gibi bak kendine, bir başkasına nasıl yardım ediyorsan kendine de öyle yardım etmeye niyet et. De ki: "Sana zaman veriyorum. İçinden çıkamadığın bu durum için zamana ihtiyacımız var. Ağlamak istiyorsan ağla, dövünmek istiyorsan dövün, ama evet bunlar senin başına geldi ve sen insan olduğun için geldi, isyan etmenin yararı yok. Sadece acının içinden geç ve hepsinin geçip gideceğini bil."

Sonra kendini olayı yaşadığın ilk anda gör, o acıyı çektiğin anda kendi kendine sarıl, kendi gözlerine bakarak şunları söyle: "Seni seviyorum, kim giderse gitsin, seni bırakmayacak olan benim. Mutlu olmayı, yeniden gülmeyi hak ediyorsun. Güleceksin. Gülmek için şimdi hissettiğin acıyı inkâr etmeden yaşa. Yeniden gülebilmek için yaşadığın her şeyi olduğu gibi kabul et, hisset ve artık dibi görene kadar hissetmeye devam et. Geçecek. Sen acının içinden geçerken, acı da senin içinden geçecek."

Sen Acının İçinden Geçerken, Acı da Senin İçinden Geçecek

Onu inkâr etmeyeceksin, onu hemen kovalamaya çalışmayacaksın. O acının seni içinden çıkardığı oyunun, yolundan saptırmasının, şimdi olmasa da ileride çok iyi anlayıp teşekkür edeceğin bir anlamı olduğunu bileceksin. Yine büyüklerinin söylediğini hatırlayacaksın, çünkü tüm atasözleri binlerce yıl yaşamış bir bilgeliğin, yaşanmışlığın ve tecrübenin bohçasıdır: "Her şerde bir hayır vardır." Yani her kötü gibi görünen olay bir iyiliğe hizmet eder. Kötülük ne kadar baskın görünürse görünsün, iyiliğe giden yolun hizmetkârıdır. Bunu böyle bilecek, böyle algılayacak, hissettiklerini inkâr etmeyecek, kendine zaman verecek ve o süreçte kendine bir bebek şefkati göstermeyi de ihmal etmeyeceksin.

Aslında kendine insanca davranacaksın, bir ceza da sen vermeyeceksin, bir çocuğa ya da en sevdiğin insanlara nasıl şefkat gösteriyorsan kendine de aynı şefkati göstereceksin. Zorla ağlamanı durdurmayacak, sadece mendilinle gözyaşlarını sileceksin.

Mutluluk Eşittir Sorun Çözebilme Becerisi

Günümüz insanının en büyük sorunlarından biri sorunsuz bir yaşam sürebilme takıntısıdır. Hepimiz gün içinde birkaç yere çarpsak ya da evin içinde tabak çanak kırılsa hemen, "Nazar var bende," diye düşünmeye başlıyoruz. Ya ortamda birini günah keçisi olarak seçip tüm suçu ona atıyoruz ya da genel bir negatif enerji altında olduğumuza inanıyoruz. Oysa her gün trafikte olan birinin arada bir kaza yapması, uykusuzluk, yorgunluk, çok düşünmek kaynaklı arada bir oraya buraya çarpması ve tüm bunların aynı gün ya da üst üste olması olağan bir durumdur. Eğer art arda yaşadığınız aksilikler aşırı ciddi değilse, yani üst üste ölümcül şeyler atlatmadıysanız hemen korku ve negatif enerjiye kapılmayın.

Üşenmek en büyük sorun. Sorunları çözmeye, üstesinden gelmeye üşeniyoruz çoğu zaman. Üç kapı çalıp açılmayınca isteklerimize kavuşamayacağımızı düşünüp şikâyet etmeye başlıyoruz. Oysa hayat iç içe geçmiş sorunlar ve sorumluluklarla örülüdür. Sorun kelimesi sizi korkutmasın, çünkü sorunlar hayatı çoğu zaman devam ettirmek için mecbur olduğumuz şeylerdir. Hastalanmadan sağlığın değerini, parasızlık yaşamadan paranın değerini, kötüyü görmeden iyiyi anlayan mahluklar değiliz ki... Tarzımız hata yaparak öğrenmek, zaten sorunlar birer alarmdır ve onları çözebilme becerisi kadar başarılı olur insan.

İşte bu yüzden yürüdüğün yolda ayağına takılan engellere, taşlara değil yolun sonunda yaşayacağın hazza odaklan.

Ne Kadar Güçlü Adımlarla Yürürsen Yolunda, O Kadar Ödül Alacaksın Sonunda

Problemlere hayıflanmakla geçireceğin zamanı üretime adamalısın. Umudun pürüzsüz bir hayat değil, pürüzlerini kolayca çözüp başarı öykülerini gururla anlatacağın bir hayat olsun. Şimdi diyeceksin ki, "sosyal medyada sorunsuz hayatlar var, zenginler sorunsuz hayatlar yaşıyor..." Örnekler çoğaltılabilir, ama seni temin ederim ki sorunsuz değiller. O sorunsuz gibi görünen hayat için ne bedeller ödediklerini, ne acılar çektiklerini ya da ilerde nelerden yoksun kalacaklarını bilemezsiniz.

Kimseyi uzaktan gördüğünüz gibi düşünmeyin. Uzaktan kastettiğim mesafe o insanın kalbinde ya da ruhunda olup biten her anı onunla birlikte yaşamayacak kadar uzak olmaktır. Kimsenin kalbini yarıp içini göremezsiniz, işte bu yüzden birinin mutluluğu ya da mutsuzluğu için emin olmayın, hatta daha iyisi bununla ilgilenmeyin, kendi hayatınızın serüvenine odaklanın.

Gerçekten Mutlu Olmak İstiyorsan Kendini ve Dertlerini Fazla Büyütme

Herkes kendi derdini en büyük dert zanneder, oysa her derdin daha büyüğü, daha da büyüğü, en büyüğü vardır. İki sorun üst üste geldiğinde zihnimizde hemen alarm çalmaya başlar: "Ne oluyor bana? Her şey beni buluyor."

Bazen sorunlar üst üste gelir ve bunda size özgü olan ya da nadir görülen bir şey yoktur. Herkes eşsiz ve özeldir, ama aynı zamanda herkes normal ve sıradandır. İnsanların ihtiyaçları, acıları, zevkleri ve korkuları birbirine benzer. Düşen uçakta, doğal afetler esnasında ortalıkta James Bond gibi gezen *cool* bir insan görme şansınız var mı? Herkes ya ağlar ya dua eder o esnada. İşte bu yüzden siz ne kurbağa ne de prenssiniz, ne eşsiz ne de vasatsınız. Ortalama değerli ama dümdüz insansınız. Kendinize bunu söyleyin. Baş ettiğiniz sorunlar benzersiz değil ya da kimseninkine benzemeyen acılar değiller. Onların üzerine ağıtlar yaktığınız vakitlerde de azalmıyorlar, azalmayacaklar.

Akıllı, süper güzel, herkesin kıskandığı kişi olmaktan vazgeçin. En değilsin, biricik değilsin, o zaman nesin? Herkes gibi ihtiyaçları ve korkuları olan bir insansın. Aslında devamlı, "Hayattan alacağım var," düşüncesindeyiz. Hiç de öyle değil. Dünyada var olduk ve sadece yaşamak, nefes almak zaten bizim en önemli alacaklarımız. Sürekli parlayan bir yıldız bile yok, her birinin ışığı bir gün sönecek. İnsan da böyle kendinden çok emin olmadan, ama umutsuz da olmadan en verimli çağlarını okuyarak, üreterek, parlayarak geçirip dinlenme vakti geldiğinde olduğu yerde başarılarıyla gitme vakti gelene kadar parlayacak. İşte insana en çok yakışan bu. Tevazu ve emek.

Hayat Amacını Bul!

"Çok sevmiştim. Bir şansımız olmaz mı ki?"

"Kader ne diyor, nereye gidiyorum ben."

"Çok ağlıyorum, gözyaşım durmuyor?"

"Herhalde kısmetim kapalı!"

"Hayat bana bir düzine ordusuyla art arda saldırıyor sanki!"

"Beni hiç mi sevmedi?"

"Kendimi çok değersiz hissediyorum."

"Sence beni arar mı? Döner mi geri? Bir şansımız olmaz mı yeniden?"

"Hayatında biri yoktur bence ama varsa ölürüm ben."

"Artık yaşlanıyorum."

"İçim daralıyor, ölecek gibiyim."

"Benden geçti artık, kalbim çok kırıldı, çok yoruldum."

Ve daha niceleri...

Okurken ne kadar da değersiz hissettiniz kendinizi öyle değil mi? Sanki özgüveni yerle bir etme bombardımanına tutuldunuz! Her gün bu cümleleri farkında olmadan tekrar eden o kadar çok insan var ki... Tek merakım, karşımdaki harika insanın tüm bu gerçekdışı fikirleri nereden uydurduğu? Kaç kapı çaldınız? Kaç adam ya da kaç kadın sevdiniz? Ne yaşadınız ki daha. En mutlu günü gördünüz mü? Hayat amacınızı buldunuz mu? Kendinizi gerçekleştirdiniz mi? Cezbetmek istediğiniz kişiden evvel kendi dünyanızda cazip insan olmayı becerebildiniz mi?

Walt Disney, Disneyland hayali için 352 kapı çaldı! Yanlış anlamayın, üç yüz elli iki kapı. Sonunda üç yüz elli üçüncü kurum kabul etti ve Disneyland kuruldu. Adam üçüncü kapıdan sonra vazgeçebilirdi. Siz kaç iş başvurusu yaptınız? Kaç kişi tanıdınız da olmadığına, umutsuz vaka olduğunuza karar verdiniz?

Hasta yatağımda, felç olmuş vücudumla, acılar içinde kıvranırken bana bir şifacı, "Sen çok iyi yerlere geleceksin, ünlü olacaksın, herkes seni tanıyıp sevecek," demişti. "Bu halde mi?" dedim. "Evet çünkü bir insan dibi gördükten sonra ölmüyorsa daha kuvvetli ortaya çıkar," dedi. Hiç inanmamıştım. Ama doğru söylemiş.

Ne zaman gelecek biliyor musun? O adam, kadın ya da o mutluluk? Sen önüne bakıp kendi yolunu çizdiğin ve o yolda hiçbir engel tanımadan yürüdüğün vakit. Kalbine uşak olduğun adamın ya da kadının ayağına paspas olduğunu göreceksin o gün. Roller değişecek. Sen yeter ki cesaret et ve önce ben de! Arkasına bakmadan yolunda yürüyen insan daima marka olur. Sana söz veriyorum, bunu başardığında bir zaman sonra Yaradan'a teşekkür edeceksin olanlar için.

Bir hayat amacına bağlanmalısın! Evet bir hayat amacın olsun! Bir amaca bağlan, sevdiğin adamı ya da kadını nikâh masasına oturtmak, çocuk doğurup buldumcuk gibi dünyanı sadece çocuğundan ibaret sanmak, çok zengin olmak, çok ünlü olmak, o araba, o ev, o adam, o kadın, herkesi sollayıp tepeye çıkmak, *hayat amacı değildir.*

Otuz iki yaşındayım ve yirmi dokuzuma kadar hayat bana acımasız davrandı, çünkü hayat amacımın farkındaydım, ama kişisel alanım beni daha çok ilgilendiriyordu, kaçıyordum! Nefessiz kaldığım bir anda en iyi yaptığım işe sarıldım: astrolojiye! İnsanlar teşekkür ettikçe, her gün yeni bir şey öğrendikçe, içtenlikle Allah razı olsun dedikçe iyileşmeye başladım. Hayat amacım astroloji de değildi. Astroloji ile farkındalık yaratmak, insanlara belki bildiklerini hatırlatmak, belki bilmeleri gerekenleri duyurmaktı. Duyurdukça iyileştim. Bunu yaparken kendimi son nefesime kadar masum insan ve hayvanlara da destek olmaya, onları anlamaya, onlara yaren olmaya adadım. Biliyor musunuz? Derdi sadece dünya olanın dünya kadar derdi olurmuş ve kendisini bu ruhsal yolculukta bir işin ucundan tutmaya adayan insan daima Allah tarafından himaye edilirmiş.

Eskiden, "Kimseyi Allah'tan çok sevme, alır," derledi. Hem korkar hem de çok kızardım, ama şimdi şunu anlıyorum.

Kimi hayatının merkezine koyarsan ve bu dünyada Allah'ın bir halifesi, yönetme ve oluşturma yetkisi verdiği bir insan olduğunu unutursan, bir yol açmaz, bir yol bulmaz ya da yoldan çekilmezsen, bir yarayı sarmazsan, amaçsızca yaşarsan, elinden sıkı sıkı tuttukların sana bir bir veda eder, koruma altında olamazsın.

Kendin ve sevdiklerinin iyiliği için de mükemmel yaratımını hatırla, fani olan hiçbir şeye tapma, maddenin ya da insanın seni esir etmesine izin verme.

Ne olur duy sesimi, bu sana bir kurtuluş mesajı. Bir yaşam amacın var, onu bul ve yap. Bir yaraya merhem ol, birine şifa ol, mesleğin varsa eğer, öğretmen ya da doktorsan işin daha kolay, çünkü bu ikisi en kutsal meslekler. En iyi öğreten ol, Atatürk gibi, başöğretmen gibi. Platon gibi öğret, o ki, "Öğretmen öğretirken öğrenendir," dedi. En iyi tedavi eden ol Hipokrat gibi. İbni Sina gibi ol, ahlaklı tedavi et ve öğret. Göreceksin ki tüm dünyevi dertler bir bir alınacak senden...

"

İKİNCİ BÖLÜM

Allah'ın Sadece Doksan Dokuz Değil, Sonsuz İsmi Vardır!

"

O Allah, O'na Ne Dersen De...

De ki: "İster 'Allah' diye çağırıp yalvarın, ister 'Rahman' diye çağırıp yalvarın; hangisi ile (dua edip) yakarırsanız (olur), en güzel isimler O'nundur." Namazında da sesini çok yükseltme, çok da kısma, bu ikisi arasında (orta) bir yol benimse. (İsra 110)

O'na ister Allah de, ister Rahman de, ister Rab de, ister benim kurtarıcım de, ister benim Lordum de, ister benden öte "benim", beni en iyi anlayanım de, istersen fırtınalarda sığınağım, canımın içi, gönlümün muradı; en aç, en susuz olduğum, en çok muhtaç olduğum, beni en çok teskin eden, bana en çok kucak açan, beni sarıp sarmalayan, herkes gittiğinde kendisiyle beraber kaldığım, bana teselliler gönderen, beni şefkatiyle saran, beni kudretiyle titreten, önüme şükredip hayrete düşeceğim vesileler koyan, bana sevmeyi öğreten, beni annemin göğsünden akan temiz bir sütle nasiplendiren, bana parmaklar ve eller veren, bana kendisinden haller ve hediyeler indiren, bana şifa veren, beni nezaketiyle umutlandıran ve özel hissettiren...

Şimdi soruyorum, bunların hangisi Allah'a ait değil? Hangisi O'nun ismi değil. Yeter ki sen sessiz, haddini aşmadan, nezaket ve zarafetle, için için O'nu yad et, gerisi sana koşarak gelen bir cevap ve şükür halinden başkası olmayacak. Sadece şekil ve sınırlara takılanlar asla kafalarının içindekinden başka bir şeye ulaşamazlar.

Allah sınır konulamayan ve hudutsuz olandır. Bu da O'na ait bir isimdir. O kendine hudut koymazken sen neden O'na ulaşma yolunda kendine hudut koyasın. Sen O'nunla sana verdiği yaradılışa uygun bir bağ kurarsan, ikinizin özel bir dili oluşur. O kendiliğinden sana akıp yol gösterir. Neden kendine Yaradan'la büyük bir aşk yaşamak için şans vermiyor, kendini bir türlü buna layık görmüyorsun? O seni seve seve kendine layık görüp kendi ruhundan üflemiş ve herkese, her şeye meydan okuyan bir ümitle yaratmış. O'nun senden ümidi varken, meleklere, "Sizin bilmediklerinizi ben bilirim", "yeryüzünde bir halife (temsilci, görevli, hükümdar) yaratacağım," (Bakara suresinin ilk ayetlerini mutlaka okuyun) derken bu nasıl bir sevgi, nasıl bir ümitti hiç düşündün mü? En cömert haliyle sana verdiği ve henüz keşfedemediğin nimetleri hiç düşündün mü? O zaman neden dışarıdaki tüm sesleri susturup senden bu kadar ümitli olan Yaradan'la güçlü bağlar kurmuyorsun?

Her şeye baktığında O'nu görmelisin, her sesin içinde O'nu duymalısın, O sana nüfuz etmiş, O'nun sonsuz ve ölümsüz ruhunu içinde taşıyorsun. Cismin ölümlü ama varlığın ölümsüz. Sen bu yüzden ölümsüzsün ey insan, görmüyor musun? Duymuyor musun? Bunu ben değil O söylüyor. Sana "Kendimden ölümsüz bir nefes verdim," diyor, seni ölümsüzlüğe davet ediyor, ama sen bunun karşılığında küçücük detaylarda boğularak gerçek bir aşkla kendinden geçip sevgilinle özel bir dil geliştirip ölümsüzlüğe uçmak varken hem kendini hem her şeyi acımasızca eleştiriyorsun. Kendi varlığına saygı duy, kendine saygı duy, umudunu yitirme, çünkü senin içinde tüm şanlı orduların ve tüm seslerin ve tüm sözlerin ve tüm zaferlerin sahibi Allah var. Sadece hatırla.

Allah'ın Sadece Doksan Dokuz Değil, Sonsuz İsmi Vardır!

Bu başlığa şaşırdığınızı duyar gibiyim, çünkü çarpık bilgilerin ışık hızıyla yayıldığı öyle bir dönemde yaşıyoruz ki şaşırmanız normal.

Allah en güzel isimlere sahiptir, ama bu isimler doksan dokuzla sınırlı değildir ve emin olun sınırlandırmak da doğru değildir. Tespit edilip belli bir sıraya dizilen doksan dokuz isim hem sırlı hem çok kutsi ve kıymetli, ama bu sayıyla sınırlı değiliz.

Diğer bir husus da şu ki, doksan dokuz ismin her biri günlük zikir haline getirilmez, tekrar tekrar zikredilmez. Bazı isimler öyle ağır gelir ki, iyi şeylere vesile olmak isterken tam tersine her şeyi mahvedersiniz. Bir danışanım "es-Sabur" esmasını uzun süre ve bolca zikrettikten sonra başına art arda gelen felaketleri anlatmıştı ve buna evladını kaybetmek de dahildi. Siz sabır sabır dedikçe o enerjiye girer ve sabretmenizi gerektirecek ağır koşulları kendinize çekersiniz.

Bir de isim esması diye bir konu var. Bu konu yanlış anlaşılmalara müsaittir. İyi bir şeylere vesile olmak adı altında insanlara ağır gelecek isimleri bile "senin esman budur" diye verme gafletine düşen kimseler yüzünden dev sorunlarla uğraşmak zorunda kalan bir sürü mağdur görmekteyiz. Diyelim ki size "el-Kâbıd" (daraltan, sıkan) ismi denk geldi, oturup bu ismi her gün nasıl zikredeceksiniz? Allah'ın merhameti ve ferahlığı varken zalimleri daraltan ismini neden celbediyorsunuz? Bunun akılla bir izahı olabilir mi?

Diyeceksiniz ki Allah'ın ağır ismi olur mu? Yani O'na ait her şey güzel ve iyi değil midir? O zaman diyoruz ki Allah iyilere çok nazik, zalimlere ise çok intikam alıcıdır. Yani Rahîm ve merhametli olduğu gibi, Kahhar ve kahredicidir de. Yaradan'ı iyi tanıyın ve O'ndan ne talep edeceğinizi iyi düşünün. "Lütfun da hoş, kahrın da hoş", doğru, işte bu gerçek aşk, ama kahır çekmeye neden gönüllü olasınız? Devamı şu olur: "Bana lütfunla muamele et," çünkü kaldıramam ötesini.

Allah'ın isim ve sıfatlarından her insanda eserler vardır, ama bu doğrudan isimle bağdaştırılamaz. Tabiatımıza tesir eden isimler ve Allah'ın bize zerreyle verdiği etkiler elbette mevcuttur. Bazen bir ilahi işaret olarak bu ismimize de denk düşebilir, ama bunu genelleyip her insanın ismine denk gelen bir esma var demek eksik kalan bir yorumdur.

Her insanın cismine, huyuna, suyuna tesir eden bir değil birden fazla esma vardır. Önemli olan dengelenmektir. Örneğin çok sinirli, her işi kavgaya döken bir insanda en çok Kahhar ya da ateş elementine denk gelen isimler tesir etmiş demektir. Bu kişinin ismi de ağır bir isme denk geliyorsa ve siz de o ağır ismi zikret derseniz ne olur? O adamı ve etrafındaki herkesi yakmış olursunuz. Yapılması gereken, kişinin ismine değil cismine ve ihtiyacına uygun, onu dengeleyecek isimler vermektir. Bu noktada da gerçekten riyasız temiz bir kalp, iyi bir bilgi birikimi ve feraset devreye girer. Bilinçsiz ellerde evrilip çevrilen her şey sadece ziyan olur.

Allah'ın sonsuz ismi vardır. Etrafta gördüğün hangi cismi, hangi rengi, hangi soluğu Allah'tan ayırabilirsin? Neyin içinde "O" yok? Neye nüfuz etmemiş ki? İnsanlar tepelerine bir kaya inmediği için, çünkü Allah zalimlere bile çok sabreden, "Sabur"-dur, manevi ve kutsal değerleri korkusuzca suiistimal edebiliyorlar. Elbette bu hemen olmasa da onların hayatlarında geri dönüşü olmayan ağır karmalara ve acılara sebebiyet veriyor. Günü kurtarmak için hakikati saptırmanın bedelini öderken pişman olsalar da iş işten geçmiş oluyor.

Bundan sonraki yolculuğumuzda dinin ya da inancın ne olursa olsun, hatta inanmıyor olsan bile, sana o güzel yaratıcı enerjiyi öyle bir anlatacağım ki, bugüne kadar doğru anlatmayan herkese gücenecek ve aslında O'nun sana düşündüğünden çok daha fazla yetki verdiğini, yaşadığın her olayın senin karakterini ve insani yönünü zenginleştirmek üzere kurgulandığını anlayacaksın.

Esmayıhüsna ve Tekrarlar,
Dinler ve İnançlar Üstüdür

Akleden ve evreni yaratan bir büyük güç olduğuna inanan herkes esmayıhüsnayı zikredebilir, çünkü bu isimler İslami kaynaklardan ve Kuran-ı Kerim'den tesirle bulundu diye sadece Müslümanlara özeldir denemez. Allah'a, bir kudretin, dünyayı idare eden bir aklın varlığına inanan herkes bu isimleri okuyup, idrak ve tekrar edebilir. Çünkü esmayıhüsna Allah'ı, yani evreni yaratan büyük gücü her detayıyla açıklamıştır. Tekrar etmek ise zihni odaklayan ve frekansı yükselten bir eylemdir. Siz istediğiniz şeyle benzeşen bir kelimeyi, mesela zenginlik istiyorsanız "zengin eden" anlamına gelen "el-Gani" ismini, anlamını da idrak ederek tekrar ederseniz, zaten o enerjiye bürünmüş, üstelik de o zenginliği var edip yaratan, sonsuz zenginliğin tek ve gerçek sahibi olandan talep etmiş ve işinizi sağlama almış olursunuz.

Çekim Yasası ve
Esmayıhüsna İlişkisi

Son yıllarda herkesin dilinde "İsteğini kendine çek", "Ne istersen ya da neyi çok tekrar edersen onu kendine çekersin, onu çağırırsın" önermesi var. Bu eksik bilgi dilden dile dolanıp durur oldu. "İptal ediyorum, oldu bile, olsun o halde, öyle de oldu" gibi türetme kalıplar, "Enerjisini sevmedim, enerjisini sevdim," gibi suiistimal edilen yargılar da cabası. Peki doğrusu ne? Ya da tüm bunlar yanlış mı?

Çekim yasası, ne istersen ya da neyi tekrar edersen onu hayatına çekersin, onu yaşarsın demek değildir. Çekim yasası sen ne isen, hangi frekanstaysan, o sırada neyle benzeşiyorsan, özünde ne varsa ve ta özünden hangi frekanstan enerji yayıyorsan onu hayatına çekersin demektir. Benzer benzeri çeker evet ve sen neye benziyorsan, hayatın, ilişkilerin ve sözcüklerin de ona benzer. Etrafına nasıl bir titreşim yayarsan, düşünce ve sözlerinle bu titreşimlere nasıl katkı sunarsan, duygu, davranış ve yaşam biçiminle onu nasıl desteklersen ve kısaca "sen ne isen" hayatına da onu çekersin.

Sen yürüdüğün yol, okuduğun kitaplar, günlük rutininde yaptıkların, izlediğin filmler, dinlediğin müzikler, birlikte en çok zaman geçirdiğin insanlar, yediğin yemekler, giydiklerin ve sarf ettiğin sözcüklerden ibaretsin. Seni sen yapan tüm bunlar ne haldeyse işte sen de o haldesin. Neyi seçtiğine ve yaptıklarına dikkat et, çünkü içinde bulunduğun duruma uygun olay ve kişileri hayatına çekiyorsun. Sen nefret, kavga ve yalnızlık frekansındayken nasıl olur da kendine huzur dolu bir ilişkiyi çekebilirsin. Bu son derece yaşlı bir filin özgürce uçmayı istemesinden farksızdır.

Huzurlu bir ilişki istiyorsan önce sen kendinle olan ilişkinde ve kendi içinde huzuru yakalamak zorundasın. Sadece düşünerek niyetlerine ulaşamazsın, işte bu yüzden düşündüklerin hayatına geçmiyor, hatta çoğu zaman tersi oluyor. Düşünceni yaşar gibi söyleme fikri de buradan doğdu. Önce o düşünceyle aynı frekansta olma yoluna girmeli, isteğinle aynı frekansa sahip olmaya, isteğinin sana gelmesi için kendinde ve hayatında ona yer açmaya gayret etmelisin. Neyi çok söylersen onu yaşamaya başlarsın, çünkü sözcükler seni söylediklerine odaklar. İçten dışa dıştan içe söylediklerine dönüşmeye başlarsın. Bu yüzden iyi şeyler isterken önce o iyi şeylere uygun frekansa girmek zorundasın. İşte bu yüzden istemediğin şeylerden şikâyet etmeyi bırakıp, hatta şikâyet ettiğin koşulları hissetmekten, rahatsız olmaktan bile uzaklaşıp sadece iyiye niyet edip, iyiye odaklanıp, iyi koşulları isteyip, iyicil bir frekansa girip, iyiyi tekrar etmen gerekir.

Gün boyu nasıl bir ruh halinde kalıyorsan, bu haleti ruhiyeye uygun insanları ya da koşulları da hayatına çekeceksin demektir. Bunları okuyup hemen değişmek istediğin vakit, öncelikle daha ters ve tuhaf şeyler yaşayacaksın, çünkü zihnimizde de hayatımızda da pozitif kuvvetle negatif kuvvet aynı ölçüde tetiklenir. Pozitife ağırlık vereyim dediğinizde negatif tarafınız da aynı kuvvette birdenbire yükselişe geçecektir. Tıpkı namaza yeni başlayanların normalde hiç düşünmedikleri cinsel içerikli fikirlerin tam da namaz esnasında akıllarına gelmesi ve onları namazdan uzaklaştırması gibi pozitif frekansa girmeye niyet ettiğinizde peş peşe negatif olaylar silsilesi içine girebilirsiniz. Bu hep böyledir. Siz diyete başlarsınız ve o hafta hiç olmadığı kadar yemek daveti gelir ya da bir şekilde kendinizi en güzel sofraların kurulduğu ortamlarda bulursunuz. Tam sevgilinize çok iyi davranma kararı alırsınız, her şeyin mükemmel olması üzerine bir kurgu yaparsınız ve sevgiliniz tam da o gün sizi öfkeyle dolduracak bir davranışa imza atar. Tüm bu terslikler siz pozitif tarafınıza her yüklendiğinizde yaşanacaktır. Bu durumda yapmanız gereken asla pes etmemek ve tüm olanlar karşısında soğukkanlı bir biçimde seçtiğiniz pozitif eylemde kalmaya devam etmektir. Tertemiz duygularla ibadet etmeye, diyetinize, sevgi dolu ilişkinize devam edin. Çocuklar kadar saf ve katışıksız biçimde pozitif tarafta kalmaya ısrar edin. Olumsuz olaylara takılmadan ve karşı koymaya çalışmadan tüm bu olumsuzlukların karşısına iyiliklerinizi, gülümsemenizi ve sevginizi koymaya devam edin. Bir süre sonra pozitif kefe çok ağır basmaya ve negatif üreten tarafınız pasifize olmaya başlayacak. Artık huzurlu bir ilişki, bozulmayan başarılı diyetler, yarım kalmayan egzersizler ve ruhunuzu besleyen ibadetler yapabiliyor olacaksınız. İşte çekim yasasını doğru şekilde harekete geçirmek tam olarak budur. İstediğin şeyle benzeşerek onu iste, odaklan, niyetini al ve bu yolda ilerlerken gelişen olumsuzluklara takılma. Bir eksi için üç artı koyarak, bir negatif olay için üç pozitif olaya imza atarak ilerle. İstediğin neyse artık o senindir.

Bir diğer konu da "İptal ediyorum," kalıbıdır. İptal etmek çok güçlü bir etki yayar, fakat ondan daha iyisi iptalin yerine alternatif koymaktır, "Bir şeyi iptal ediyorum" yerine, "Bir şey için niyet ediyorum," demek gerekir. Peki nasıl yapabiliriz? Diyelim ki ilişkinizde yıllar boyu süren kısır döngü ve bitmek bilmeyen benzer sorunlar yaşıyorsunuz. Bunu şu şekilde iptal edebilirsiniz: "Tüm ruhsal yolculuklarım ve tüm ilişkilerim süresince deneyimlediğim huzursuzluk, acı çekme eğilimi, aldanma, aldatma, bağımlılık, esaret, sevgisizlik, kavga, mücadele, inat ve beni rahatsız eden tüm konu ve koşullarla ilgili anlaşmalarımı, sesli sessiz sözleşmelerimi, yeminlerimi, akitlerimi, evetlerimi, izinlerimi iptal ediyorum, iptal ediyorum, iptal ediyorum. Tüm boşlukları güneşin saf ve kudretli ışığıyla dolduruyorum. Hayatımın merkezi benim, hayatımın odağı benim, kendi krallığımın otoritesi benim. Sevgi ve huzur frekansında kalmaya niyet ediyorum.

Niyetim gerçekleşmeye başladı bile, sonsuz şükran ve teşekkürle doluyum, sevinç içindeyim. Şimdi ve tüm zamanlara doğru." Bu paragrafı bu ve buna benzer şekillerde sizi yıpratan tüm koşullar için kullanabilirsiniz. Bunu yaparken meditasyon vaziyetinde olmak, size iyi hissettiren kokular kullanmak ya da müzikler eşliğinde ve güzel bir ortam yaratmak çok daha etkili olmasını sağlayacaktır. Eğer hep hizmet ediyor, köle gibi sürekli uğraşıyor, değer görmüyorsanız, "Değersizlik hissini ve köleliği kabullendiğim tüm zamanlarda kölelik ve değersizlikle ilgili evetlerimi, akitlerimi, sesli sessiz sözleşmelerimi, anlaşmalarımı iptal ediyorum, yerine değerlilik ve krallık-kraliçelik hissi koyuyorum. Hayatımın merkezindeki bana özel tahta oturmaya niyet ediyorum, hayatımın odağı ve merkezindeyim. Tüm boşlukları güneşin saf ve kudretli ışığıyla dolduruyorum şimdi ve tüm zamanlara doğru," diyerek, hatta sadece "Köle olmak ve değersiz olmakla ilgili tüm yeminlerimi ve akitlerimi iptal ediyorum, iptal ediyorum, iptal ediyorum. Ben değerli bir kral/kraliçeyim, seviyor ve seviliyorum. Şimdi ve tüm zamanlara doğru," diyerek sık sık gün içinde de tekrarlar yapabilirsiniz.

Burada kral ve kraliçe kelimeleri size fazla gelebilir, fakat unutmamamız gereken detay herkesin özel, kendi hayatının odağı, merkezi ve kendi krallığının efendisi olduğudur. Uzun süre kendi merkezinden ayrılan biri için hayatın bir hediye olduğunu, kendine verilen kader planı ve koşulların ortasında otoritenin ve söz hakkının kendisine ait olduğunu ve bir kral/kraliçe edasıyla lider bir ruhla hayatına sahip çıkması gerektiğini kendisine yeniden hatırlatmaktır. Her insan kendi hayatının merkezidir, özel ve değerlidir. İşte bu nedenle insanlar için "enerjisini sevdim" ya da "enerjisini sevmedim" gibi yargılarda bulunmak da doğru değildir. Sizin böyle bir yargıda bulunmanız onun yüksek benliğine hak etmediği bir övgü ya da hak etmediği bir yergi mesajı olarak iletilecektir. Karşınızdakinin enerjisini güçlü bir biçimde pozitif ya da negatif olarak hissetseniz bile bunu dile getirdiğiniz vakit bir yargıya dönüşür ve her yargı size bir sorumluluk ve bu sorumluluk dahilinde bir adisyon getirir. Eğer yargınız yanlışsa, size doğrusunu öğretecek bir öğretiyi talep etmiş olursunuz. Negatif diye yaftaladığınız biri eğer negatif değilse onunla onun pozitif biri olduğunu öğretecek bir maceranın içine girebilirsiniz ve hayat sizi utandırabilir. Bazen farkında olmadan başka insanlarla da ödeştirir hayat sizi. Bir başkası da sizin için benzer önermeler yapacaktır, hem de hiç hak etmediğiniz zamanlarda. Ya da iyi enerjide olduğuna emin olduğunuz biri gerçekten bu enerjide değilse bu yargınızla size güvenen diğer insanları da hataya düşürebilirsiniz. Böyle olunca kendinizi sizden kaynaklı büyüyen bir sorun yumağının içinde buluverirsiniz. Hayat yine size yanlış izlenimde olduğunuzu bir biçimde gösterip öğretecektir. Bazı derslerin ve öğretilerin neticelerini omuzlamak çok zor olabilir, bu nedenle güçlü yargılar hissetseniz bile bunları dile getirmenin bir sorumluluk olduğunu ve bir öğretiyi peşinden sürüklediğini unutmayın.

Bir başka bakış açısı sunmak adına şu sözleri de ekleyeyim. İsteğinizle aynı frekansta titreşmek için neyi istiyorsanız o enerjiye bürünmek için "esmayıhüsna"dan ve Cevşen'deki binbir ismin tekrarlarından da faydalanabilirsiniz.

Esmayıhüsna ile Frekansını Yükselt!

O isimler her derde şifa olabilir eğer bilebilirsen. Hepimiz bir şeyler istiyoruz: evlenmek, sevilmek, para kazanmak, iş bulmak... Hatta bazılarımız sadece dertlerinden kurtulmak istiyor ve aramızda öyle zor hayatlar yaşayan insanlar var ki... Sadece engellerle boğuşan ve kendini talihsiz hisseden. İşte eğer doğru biçimde esmayıhüsnadan kendine uygun isimleri zikretmeye başlarsa hepsinden güzelce kurtulabilir. Yapabiliriz emin olun.

Herkes frekansını isteğiyle aynı titreşime getirip istediğini alabilir. Zenginlik, aşk, sevgi, evlilik, iş, kurtuluş, sağlık... Her ne istiyorsan ona uygun, isteğinin cinsiyle titreşebilecek ismi zikrettiğinde ve frekansın istediğin şeyle aynı frekansı yaymaya başladığında, onu kendine çekebilirsin.

Neden İsme Göre Değil,
Cisme/Karaktere Göre Esma

İsminizin karşılığına El-Kahhar gibi negatif anlamları olan bir isim gelebilir. Bu durumda Allah'tan böyle bir enerji talep etmemelisiniz. Bir yerde iyi işler, iyi telkinler yapılırsa oraya Allah'ın rahmeti iner ve oradaki her şeyi kişi ya da günah fark etmeksizin sarıp sarmalar. Yani iyi enerji yayarak, iyi dileklerde bulunarak sadece kendinize değil etrafınızdaki her şeye iyilik yaymış olursunuz. Aynı şekilde kötü enerji yayar, Allah'ın kahredici tarafına talepte bulunursanız kendinizle birlikte ne varsa, kim varsa yakmış olursunuz. Allah'a Selam, Halim, Allah, Latif, Rahman, Rahîm gibi O'nun yumuşak ve sevgi dolu yönünü çağıran isimlerle seslenmek varken gazap ve kahrediciliğine tutunmak gerekir. Sakın ola, "Sadece zalimler için okuyorum," yalanlarına inanmayın, çünkü kimin zalim olduğunu, kimin neyi hak ettiğini bizler bilemeyiz. Bize kötülüğü dokunmuş dahi olsa, biz o insana bireysel olarak kızsak ve tartışsak da, ki bunlar gayet insanidir, ona kahır dilemek haddimize değil.

Beddua ve kötü enerji öyle belalıdır ki, etraftaki her şeyi soldurup çürütür. İsteklerinize iyi enerjilerle kavuşmaya çalışın ve sorunlarınızdan yine Allah'ın rahmetine sığınarak korunun. "Karşımdaki kötüyse ben de onu kötülükle yenerim," gibi bilinçsiz bir düşünceyle hareket etmeyin. Siz Allah'ın merhametine sığınıp iyilik talep ettikçe olumsuz ne varsa sizden uzaklaşacak. Akıllıca olan daima iyilik ve şifa dilemektir. Bilinçsiz kimselerin sözüne inanıp Allah'ın durdurulamaz isimlerini virt edinmeyin. Saygıyla "esmayıhüsna" okurken iyi niyetli olun ve bitince de, "Gazabından şefkatine sığınıyorum Ey Rahman, Rahîm ve Vedud olan Allahım," deyin.

Esmayıhüsna ve Zikirleri için 5 Önemli Kural

1. *Zikrinizi kimseyle paylaşmayın.* "Ben şu ismi zikretmeye başladım, şu kadar fayda gördüm," diye duyurmayın. Bu tamamen sizinle Allah arasında kalmalı ve kimse sizin neyi ne için zikrettiğinizi bilmemeli. Hep söylediğim gibi işinde ve hayat yolunda muvaffak olmak isteyen dilini tutmalı. Ne rüyalarınızı, ne de size gelen özel işaretleri amacınıza ulaşmadan dillendirmeyin. Sessizce kendi kendinize Allah'ı zikredin ve dualarınızı da sessizce adeta sevgilinizle mahreminizi korur gibi koruyarak devam ettirin. İnsanlara zikir tavsiye edin, bunun lezzetli bir iş olduğunu ki "zikir" lezzetlidir, tadını alan bilir, şükürler olsun. Ne lezzetli ne huzur veren bir iş olduğunu, zihni nasıl odakladığını anlatın, ama sakın kendi özel virdinizi ve zikrinizi paylaşmayın.

2. *Zikir yaptığınız sırada ve gün içinde olumsuz temenni, beddua ve olumsuz yargılardan uzak kalın.* Hem Allah'ın güzel vasıflarını davet edip, ki Allah'ı zikretmek O'nun güzel vasıflarını davet etmek ve O'nun isminin o ismi taşıyan meleklerle kalbinize inmesi demektir, hem O'nu kalbinize davet edip hem de kötü konuşamaz, kötü temennilerde bulunamazsınız. Buna çok çok dikkat etmek zorundasınız. Zikri alışkanlık haline getirdiğinizde zihninizin de kalbinizin de hayatınızın da kirden, kötü düşüncelerden ve kötü dileklerden arınmasını hedefleyin.

3. *Mutlaka niyet edin.* Niyet etmek zorundasınız. Hangi zikri ya da farklı bir duayı ne amaçla yapıyorsanız ona uygun niyetle başlayın. "Allahım bu zikri ... niyetle yapıyorum, lütfen kabul et ve beni hedefime kolaylıkla, sevgiyle, huzurla ulaştır," gibi bir cümleyle başlayabilirsiniz. Niyet ederken olumlu kelimeler seçin ve "kolaylık", "sevgi", "huzur" kelimelerini de her zaman ekleyin. Çünkü ne kadar kuvvetli olursak olalım kolaylık daima kuvvet gösterisinden iyidir. Kolaylıkla olsun, zahmetsiz ve içinde sevgi olsun, huzurla gelsin, huzur getirsin. Bu temennileri hayatınızdan, dilinizden, zihninizden, zikrinizden eksik etmeyin.

4. *Temiz olun.* Gerçekten saf melek enerjileri ve elbette o enerjilere can veren Allah temizliği sever. Zikir ve okumalar esnasında güzel kokular, temiz ortam, temiz kıyafetler çok önemli. Allah bir topluluğu geçmişte çok iyi ve temizlerden yazmış ve onlara güzelliğinden, sevgi ve bereketinden ikram etmiş. Sebebi o toplumun çok temiz olmasıymış, iki kere taharet alır ve kendilerini temiz tutarlarmış diye anlatırdı büyüklerim. Kaynağını bilmiyorum, bu yüzden bu hikâyede iddialı değilim, ama temiz bir halde dua etmenin faydasını ben yakinen çok iyi bildiğim için doğru olduğunu tüm kalbimle hissediyorum. Dilinizde Allah'ın güzel isimleri varken sizin üzerinizde idrar ya da dışkı olduğunu, kötü koktuğunuzu bir düşünün. Bu asla kabul edilemez. Melekler kötü kokan ortamlara girmezler. Aynı şekilde zikir esnasında sigara içmeyin, çok sigara içtiğiniz yerleri tercih etmeyin. Kendinizi de ortamı da temiz tutun. Kadınların regl hali bunun dışında, çünkü isteyen istediği kadar Allah'ı zikreder. Sadece yine hijyene ve kötü kokmadığınıza emin olmanız yeterli.

5. *Doğru niyet için doğru ismi seçin.* Sevgiyle ilgili bir konuda "El- Vedud", kavuşmak için "Ya Cami, Ya Muksit", bolluk için "Ya Rezzak, Ya Fettah, Ya Gani, Ya Muğni, Ya Vehhab" gibi isimleri tercih etmeyi akledebilmek gerekir ki zaten gücümün yettiğince neyin neye iyi geleceğini, hangi zikrin ne için yapılabileceğini anlatacağım. Başınıza kötü bir iş geldi, biri size düşmanlık etti diye gidip "El-Muntakim ya da El-Kahhar C.C." isimlerini zikretmeyin. Bu son derece bencil ve cahilane bir davranış olur. Bunu sakın yapmayın. Siz yine Allah'ın rahmet dolu "Es-Selam, El-Latif, Allah, El Vekil, El-Rafi, El-Muhyi C.C." gibi isimlerine sığınarak yardım dileyin ve niyetinizde de size zarar veren kimseden mağdur olduğunuzu ve kurtuluş için Allah'a yöneliyor olduğunuzu söyleyin. O gerekeni en fevkalade biçimde yapacak ve sizi en güzel biçimde huzura, ferahlığa kavuşturacaktır.

Bu 5 hususu iyi anlar ve dikkat ederek zikirlerinize, dualarınıza devam ederseniz büyük faydalar görecek ve isteklerinize kavuşacaksınız.

Esmayıhüsna Zikirlerinde
Dikkat Edilmesi Gerekenler

Sayı önemli mi?

Sayıların bir mükemmelliği ve özelliği olduğu çok açık. Ama takdir edersiniz ki sayı sayarken her şey karışabilir. İşin içinde inanç da varsa, "Eyvah karıştırdım," diyerek evham yapar ve frekansınızı yükseltmek bir yana düşürür ve isteğinizle titreşemezsiniz. Büyüklerimin bana tavsiye ettiği, sayıya çok takılmadan, eğer becerebiliyorsam adedince, ama evhamla enerjimi bozuyorsam ilaç dozu gibi zikretmemdi. Örneğin vazgeçilmez bir ilaç, bir mucize olan "es-Selam" ismini zikredeceksiniz. Bu ismin ebced değeri 131'dir, ama bu sayıları karıştırıyorsanız ve sayarken panik oluyorsanız 131'e niyet edin ve başlayın! O sayıya yaklaştığınızda az oldu çok oldu diye evham yapmayı bırakın. Sonra ilaç gibi her hafta dozu artırın ve artık seçtiğiniz zikirde kalbinizin tatmin olduğu sayıya gelince, 500, 1000, 2000, nasıl istiyorsanız ve içinize siniyorsa, o sayıda sabitleyin. O isimle hem dem olup bütünleşin. İşte istediğiniz şeyle özdeşleştiniz ve artık o sizin.

İntikam almak için, kahır için esma zikredemezsin

Bu iki tarafı keskin bıçak gibidir, önce seni keser. Allah'ın rahmet ve merhamet frekansında isimleri olduğu gibi, mazlumları zalimlerden korumak ya da kulunu tekamül ettirmek için zorlayıcı, intikam alıcı, gazap edici isimleri de vardır. Sen bunları, "Düşmanıma galip gelmek istiyorum, bana haksızlık etti, cezasını bulsun," diye zikredemezsin. Asla zikretmemelisin. Çünkü adaletin terazisini en iyi Allah ayarlar ve sen kimin ne kadar haklı olduğuna, bu acıyı neden yaşadığına, yaşadıklarının sana neler kattığına kendi fikrinle karar verip doğru hükmedemezsin.

Allah "Hâkim" isminin gereği olarak her şeyi hikmetle ve ince bir şekilde tasarlayarak yapar ve "Sabur" isminin gereği olarak hükmedip ceza verirken acele etmez. Bu yüzden başına kötü bir iş de gelse ağır ve iki taraflı musibeti çekebilecek isimleri zikretmemelisin. Haksızlığa uğradığın vakit yapman gereken sadece iyicil dualar, salavatlar okumak ve esmayıhüsnadan da en feraha çıkaran ve rahatlatan isimleri seçip zikretmektir. "Er-Rahman, er-Rahîm, Allah, es-Selam, el-Latif, el-Gaffâr, el Fettah" gibi isimleri seçip zikredebilir ve yaşadığın haksızlıklardan kurtulmak için Allah'a dua edebilirsin. Yapman gereken kahır değil kurtuluş dilemek.

Bazı isimler ya da esmayıhüsna zikri yapmak neden bazı insanlara ağır gelir

Esmayıhüsna ya da herhangi bir dua, hatta bir ilaç ya da besin dahi doğru dozda bilinçli olarak alınmazsa istenenin tersine olumsuz sonuçlar doğurabilir. Eğer "Allah'ın böyle bir ismi var, ben ne yapayım," diyerek el-Kahhar ya da el-Müntakim ismini zikrederseniz önce kendinizi sonra etrafınızdakileri yakmış olursunuz! Her ne olursa olsun bu isimleri celbetmeyiniz. Bu isimleri bir duada duyar ve işitirseniz hemen Allah'a yönelin ve deyin ki, "Allahım azabından rahmetine sığınıyorum, beni kolayca bağışla ve kolayca kurtar".

Allah yerin göğün, ikisinin ortasındakilerin, melek ve şeytanların, iyi ve kötülerin, kısaca yaratılmış her şeyin yaratıcısı ve kaynağıdır. "Allah iyidir ve tüm isimlerini bu yüzden zikredebilir miyim?" diye soracak olursanız, cevabım hayır. Evet Allah iyidir ve maksadı iyiliktir, ancak tüm negatif ve pozitiflerin yöneticisi de O'dur. Yani iyiliği Allah, kötülüğü şeytan yaratmıyor. Şeytana ruhsat veren de O. Ruhsatı verdi ki kim sadık, kim kaliteli belli olsun. O isterse her şeyi zorla yapar, "Cebbar"dır ancak zorla yapmaktan ziyade gönlüyle iyiliğe yöneleni görüp hoşnut olmak ister. İşte bu yüzden O'na ait diye ağır gelebilecek isimleri virt ve tekrar edinmemelisin, aksi halde maksadını aşan cahilce bir iş yapmış olursun. Sen hep O'nun Kâbıd isminden ziyade Bâsıt ismine, Kahhar isminden ziyade Rahman, Selam, Gaffâr isimlerine sığınıp yönelmelisin. Kurtuluş için tam olarak yapman gereken budur. Çünkü Kahhar dedikçe frekansını öfke, ateş, kıyamet moduna getirmiş olursun ve bil bakalım o zaman kendine neleri çekersin? Tabii ki kahır ve felaketi. Aman ha dostum sakın kendine bu kötülüğü yapma.

Anlama vurgu yap ve seni zikrettiğin ismin frekansına uyumlayacak kadar bol zikret

Bir şeye sahip olmak, ona kavuşmak istiyorsan onun enerjisine bürüneceksin. Onun gibi olacak, onun gibi kokacak, onun gibi tat verecek, onun gibi parlayacaksın. Sevgi istiyorsan üstünde gül kokusu, avucunda gülün yağı, dilinde "El Vedud" zikri olmalı. "Ben sevilmek istiyorum," diyorsan önce sen sevgi olmalısın. Bu da ancak sevgiyi üstüne başına ve diline bürümekle olur. Bir ismi, odaklanarak ve manasını idrak ederek ne kadar saygıyla ve bol bol zikredersen o kadar maksadına benzer ve ona kavuşursun. Zenginliğe benzemek istiyorsan tertemiz giyin, biraz tarçın yak, biraz tarçın iç, bununla birlikte "el-Gani, el-Muğni, el-Fettah" zikret ve zikrederken bol bol manasını idrak et. Sadece zikretme, o zikrin enerjisine bürün. Mevlana'nın dediği gibi, "gül düşünürsen gülistan olursun".

Neyi düşünür, neyi konuşur, neyi en çok tekrar eder, neyi en çok yer ve giyersen ona dönüşürsün. Kendini bırakma hatta son yıllardaki tabirle, kendini salma, salıp yayma, aşk istiyorsan önce aşkın kendisi ol, para istiyorsan zenginliği tüm benliğinle hisset ve çağır. Senin gücünün yetmediği her yerde Allah'ı çağırmanın sana yeteceğini unutma.

Ebced Değerleri

Büyüklerimizin araştırıp bize sunduğu ve isimlerin o sayılarda zikredilirse faydasını daha çabuk göreceklerine inandığı sayı değerleridir. Tüm bunlar doğrudan inancımızda temel kurallar olmadığı için yoruma açıktır ve daha önce de söylediğim gibi, "Az oldu, çok oldu, sayıyı şaşırdım," diye panik yaparak zikrin lezzetinden ve idrakinden insanı alıkoyan detaylardır. Bu sebepten becerebilen bu sayılar kadar, isteyen sayıların iki katı, isteyen on katı, isteyen de benim usulüm gibi azdan başlayarak, örneğin yüzle başlayıp ilaç dozu gibi her gün artırarak yapabilir. Sonuçta bir sayıya sabitleyip bırakmadan devam edilmeli. Örneğin yüzle başlayıp üç haftada bine çıkarıp, bin civarı bir rakamda her gün bırakmadan devam etmek önemlidir. Ve elbette başlamadan önce mutlaka niyet etmelisiniz.

Esmaların Anlamları ve Ebced Değerleri

Allah (C.C.)
Er-Rahman
Er-Rahîm
El-Melik
El-Kuddus
Es-Selam
El-Mümin
El-Müheymin
El-Aziz
El-Cebbâr
El-Mütekebbir
El-Halik
El-Bari'
El-Musavvir
El-Gaffâr
El-Kahhar
El-Vehhab
Er-Rezzak
El-Fettah
El-Alim
El-Kâbıd
El-Bâsıt
El-Hafıd
Er-Rafi
El-Mu'iz
El-Müzil
Es-Semi
El-Basir
El-Hakem
El-Adl
El-Latif
El-Habir
El-Halim

El-Azim
El-Gafur
Eş-Şekur
El-Aliy
El-Kebir
El-Hafiz
El-Mukit
El-Hasib
El-Celil
El-Kerim
Er-Rakib
El-Mücib
El-Vâsi
El-Hâkim
El-Vedud
El-Mecid
El-Bais
Eş-Şehid
El-Hak
El-Vekil
El-Kavi
El-Metin
El-Veli
El-Hamid
El-Muhsi
El-Mübdi
El-Muid
El-Muhyi
El-Mümit
El-Hay
El-Kayyum
El-Vacid
El-Macid

El-Vahid
Es-Samed
El-Kâdir
El-Muktedir
El-Mukaddim
El-Muahhir
El-Evvel
El-Ahir
El-Zâhir
El-Bâtın
El-Vali
El-Müteali
El-Ber
Et-Tevvab
El-Müntakim
El-Afüv
Er-Rauf
Malikü'l Mülk
Zülcelali velikrâm
El-Muksit
El-Cami
El-Gani
El-Muğni
El-Mâni
Ed-Dâr
En-Nafi
En-Nur
El-Hadi
El-Bedi'
El-Baki
El-Vâris
Er-Reşid
Es-Sabur

1. Allah (C.C.)

Eşi benzeri olmayan, bütün eksikliklerden uzak, görünen ve mevcut olan her şeyin yaratıcısı ve hükmedicisi. En büyük ve her şeye yeten isim.

Ebced değeri: 66.

Daima zikredilmeli, hiç bırakılmamalı, her müşkül için başvurulabilen en büyük isim.

2. Er-Rahman

Dünyada bütün mahlukata merhamet eden, şefkat gösteren,
koruyan, yumuşaklığıyla sarıp sarmalayan.
Ebced değeri: 298.

Sevgisiz yalnız ve korunmasız hissediyorsanız ya da
merhametten yoksun insanların arasında kaldıysanız, bu ismi
güzel niyetler alarak zikretmeye devam edebilirsiniz.
Kalbi yumuşatır, kolaylıkla iyilikleri çekmenize yardımcı olur.

3. Er-Rahîm

Ahirette, müminlere sonsuz ikram,
lütuf ve ihsanda bulunan.

Ebced değeri: 258.

Tüm sıkıntılar ve zorluklardan kurtulmak için okunur. Rahim ve kadın hastalıklarına yakalanan kadınlar bu zikre devam eder ve dua ederlerse kurtulurlar. Tüm zorluklardan kurtulmak, feraha çıkmak ve öldükten sonra da Allah'ın korumasında olmak niyetiyle zikredebilirsiniz. Kalbi yumuşatan, güvende hissettiren bir enerji ve benim de bilemeyeceğim, zikrettikçe alacağınız ve sadece güzel hediyelere kavuşursunuz...
Tabii ki inşallah.

4. El-Melik

Mülkün, kâinatın sahibi, mülk ve
saltanatı devamlı olan tek sultan.

Ebced değeri: 90.

Bu isim mevki makam sahibi olmak, hem mal mülk açısından hem de mevki bakımından yükselmek için zikredilebilir.

Dikkatli zikredilmesi gerekir. Meşru amaçlar önceliklidir.

Hırs ve kibre kapılma riski varsa saygı ve idrakle zikredilmelidir.

5. El-Kuddus

Her noksanlıktan uzak ve her türlü takdise layık olan, temiz ve temizleyen, kutsi Allah.

Ebced değeri: 170.

Dikkatli zikredilmesi gereken bir isimdir. Melekler âleminin kapılarını aralar ve zikreden kişinin çok dikkatli olması önemlidir. Tertemiz ve fazla yüksek bir frekansı vardır, çünkü sadece melekler değil ışıktan tüm varlıklarla bağlantı verebilir. Spritüel alt yapısı olmayanlar için ağır gelebilir. Çok yüce bir isim, fakat belli gizli bilgilere sahip değilseniz dikkatli okuyun. Karışık, pis ortamların arınması, alkolik ya da bağımlı kimselerin temizlenip vazgeçmesi için sularına okunup içirilebilir, arındırıcı ve durulayıcı bir etkisi vardır.

6. Es-Selam

Her türlü tehlikelerden selamete çıkaran,
esenlik veren.

Ebced değeri: 131.

Bu isim tamamen esenlik ve selamete erdiren, ateşi suya çeviren, öfkeyi sevgiye dönüştüren, tüm kaygı ve acıları hafifleten harika bir isimdir ve hiç bırakılmaması gerekir.

Bu ismi ölene kadar bırakmayan kimse için ruhsal âlemlerde de muhteşem hediyeler vardır, hiç bırakmayınız.

7. El-Mümin

Güven veren, emin kılan, koruyan, kollayan.

Ebced değeri: 137.

Bu isim kendini güvende hissetmeyen, yönünü bulamayan, kaygı sorunu ve güvensizlik yaşayan kimselerin ve hatta mümkünse herkesin günde birkaç kez bile olsa zikretmesi gereken koruyucu bir isimdir.

8. El-Müheymin

Her şeyi görüp gözeten.

Ebced değeri: 150.

Yine güvende hissetmeyen, korkuları olan, görme ve odaklanma sorunu yaşayan, kendisine yapılan kötülükleri fark edemeyen, geç anlayan ve tuzağa düşen kimselerin zikretmesi çok faydalı olur.

9. El-Aziz

İzzet sahibi, her şeye galip olan.

Ebced değeri: 94.

Çok yüce ama dikkatli zikredilmesi gereken bir isimdir.

İftiraya uğrayan kişi aklanmaya niyet eder okursa kurtulur.

Gözden düşen ve hiçe sayılan kimseler zikrederse göze girerler ve itibarları yerine gelir, patronundan çok çaba sarf ettiği halde onay alamayan biri ya da hocası tarafından sevilmeyen bir öğrenci zikrederse kısa zamanda hocasının gözüne girer.

İflas eden zikrederse tekrar toparlanır yine de niyeti doğru yapmak önemlidir. Niyet ederken, "Allahım bana kolaylık, sağlık ve ikramla, iyi olaylar, iyi ve şükredilecek vesilelerle izzet, azizlik ve şeref ver," diyerek başlayabilirsiniz, sonra özelde hangi konuda itibar sahibi olmak istediğinizi de belirtin.

Böyle okumak güvenlidir hediyeleri çok özeldir.

10. El-Cebbâr

Azamet ve kudret sahibi. Dilediğini mutlaka yapan ve yaptıran.

Ebced değeri: 206.

Bu ismi düzenli zikir haline getirmek herkese hafif gelmeyebilir. İçinde mutlaka ve zorla yaptıran bir enerji olduğu için sahibini de, okunan konuyu da hangi yollardan olduracağını kestirmek zordur. Cebbâr olma enerjisi herkese hafif gelmeyebilir. Saygıyla dua içinde ya da nazikçe fazla tekrar etmeden bu özelliğin sadece Allah'a ait olduğunu ve O'na yakıştığını düşünmenizi tavsiye ederim. Yine de her birey için durum değişebilir, denemek iyi bir fikir olabilir.

11. El-Mütekebbir

Büyüklükte eşi, benzeri olmayan.

Ebced değeri: 662.

Allah'a ait, sadece O'na yakışan bir isim. Yalnızca O'nun büyüklüğü ve cömertliğini görmek istediğinizde zikredin. Boyu uzamayan ya da kısa kalmasından endişe ettiğiniz çocuklar için zikredebilirsiniz. Yükselmek, otorite ve mevki sahibi olmak niyetiyle zikredebilirsiniz.

12. El-Halik

Yaratan, yoktan var eden.

Ebced değeri: 731.

Değişmek, dönüşmek, yenilenmek niyetiyle doğru ve olumlu kelimelerle niyet ederek zikredilebilir. Hamile kalmak isteyenler niyet edip devam ederlerse çok faydasını görürler. Hamileler bebeklerinin güzel ve sağlıklı olması için niyet ederek ve "Ya Halik, Ya Musavvir, Ya Bari', Ya Nur" isimlerini ellerini karınlarına koyup zikrederlerse ve hem beden, hem ahlak, hem de huy bakımından iyi bir evlat sahibi olmaya niyet ederlerse çok faydasını görürler. Zanaat ve sanatla uğraşanlar için de ilham vericidir.

13. El-Bari'

Her şeyi kusursuz ve uyumlu yaratan.

Ebced değeri: 213.

Kusursuz işler çıkarmak isteyen, iyi evlat, iyi iş ve başarı isteyen herkes zikredebilir. Eksiklerinizin giderilmesi ve mükemmel birine kolaylıkla dönüşmek için de bolca zikredebilirsiniz.

14. El-Musavvir

Varlıklara şekil veren.

Ebced değeri: 336.

"Halik, Bari', Musavvir" esmaları yaratıcılığı, becerileri tetikleyen isimlerdir. Tasarımcılar bu ismi bolca zikrederlerse herkesten daha iyi tasarımlar yapabilir ve adlarını altın harflerle yazdırabilirler.

15. El-Gaffâr

Günahları örten ve çok mağfiret eden.

Ebced değeri: 1281.

Hiç bırakılmaması yerinde olan, rahatlatan, korkulardan emin kılan bir isimdir. Suçluluk hissedenler zikrederse çok rahatlar ve faydasını görürler. Kötü huyları düzeltir, ayıpları örter ve kişiyi hem doğru davranış hem de doğru hal üzere ferahlatır.

16. El-Kahhar

Her şeye, her istediğini yapacak surette, galip ve hâkim olan.

Ebced değeri: 306.

Bu isim gerçekten iki tarafı keskin bir kılıç gibidir. Okuyana daha güçlü bir tesirle yıkıcı etkiler verir.

17. El-Vehhab

Karşılıksız hibeler veren, çok fazla ihsan eden.

Ebced değeri: 14

En zalim kişi bile olsa bu isimle yardım talep etmek doğru olmaz. Her müşkülden sadece iyicil etkilere sahip isimleri zikrederek ferahlık dileyebiliriz. Bu ismi esmayıhüsnanın tamamını okurken ya da dua içinde denk geldiğinde saygıyla söyleyin, ancak konsantre olup zikretmek sakıncalıdır, dikkat ediniz.

18. Er-Rezzak

Bütün mahlukatın rızkını veren ve ihtiyacını karşılayan.

Ebced değeri: 308.

Çok özel bir isim. Her gün 308×308 ya da bu sayıya yakın ve bol bol zikrederseniz günler içinde bolluk ve bereketinizin arttığını göreceksiniz. Bu zikri bırakmayan sadece yeme-içme değil, neye ihtiyacı varsa ihtiyaç duyduğu an önüne gelir. Hiç bırakmamanızı tavsiye ederim.

19. El-Fettah

Her türlü müşkülleri açan ve kolaylaştıran, darlıktan kurtaran.

Ebced değeri: 489.

Bu isim tüm isimler içinde her kapıyı açan ve insanı ummadığı dertlerden kurtaran bir isimdir. Hiç bırakmayınız. Her dara düştüğünüzde bu isimle yönelir, dua ederseniz mucizelerini göreceksiniz.

20. El-Alim

Gizli açık, geçmiş, gelecek, her şeyi en ince detaylarına kadar bilen.

Ebced değeri: 200.

Bu isme devam eden kimse iyi ilim sahibi olur. Zaten ilimle uğraşıyorsa daha da ilerler ve başarıları artar. Öğrencilerin okuması derslerindeki başarılarını yükseltecektir. Öğrenme zorluğu çeken ya da kendisine faydalı olacak bilgilere vâkıf olmak isteyenler bolca zikredebilirler.

21. El-Kâbıd

Dilediğine darlık veren, sıkan, daraltan.

Ebced değeri: 903.

El Aman! Bu ismi zikretmenizin hiçbir mesnedi olamaz. Daralmasını istediğiniz ne olabilir? Varsa bile bu ismi celbederek değil, yine Cemal sıfatıyla akan Rahman ve Rahîm isimleriyle yardım istemek gerekir. Size bu ismi virt edinmenizi tavsiye eden son derece akletmekten yoksun kimselere itibar etmeyiniz. Saygıyla Allah'ın dilediğini daralttığını bilip, böyle zamanlarınızda sabredip, daraldığınız vakitlerde "Ya Bâsıt" yani bu ismin tam zıddına denk gelen bir sonraki ismi zikretmenizi tavsiye ederim.

22. El-Bâsıt

Dilediğine bolluk veren, açan, genişleten.

Ebced değeri: 72.

Bu ismi zikredenin hem göğsündeki darlık gider, hem rızkı bollaşır, sevilir, sayılır ve önünde güzel kapılar açılır.

Muhiti, evi, etrafı, gönlü genişler. Malı ve parası bereketlenir. Virt edip bırakmayınız.

23. El-Hafıd

Dereceleri alçaltan.

Ebced değeri: 1481.

Bu ismi hiçbir maksatla virt edinmeyiniz. Bu ismin manasını idrak edip tasarrufta bulunmak yalnız Allah'a mahsustur. Kendinizi yakmayınız.

24. Er-Rafi

Şeref verip yükselten.

Ebced değeri: 351.

İşte kurtarıcı rahmet niteliğinde bir isim daha. Terfi etmek, başarı elde etmek, itibarını kurtarmak isteyen virt edinsin. İftiraya uğrayan, iflas eden biri bir köşeye çekilir ve yirmi dört saat içinde temiz beden, temiz dil, güzel kokular eşliğinde 351×100= 35100 defa tekrarlarsa (en azından bu sayıya yaklaşırsa üç az beş fazla kısmına takılmayın) itibarını geri alır ve iftiradan kurtulur. Tabii ki her zaman inşallah.

25. El-Mu'iz

Dilediğini aziz eden, izzet veren.

Ebced değeri: 117.

Bu isim de El Aziz ismine benzer bir etkidedir. El Aziz, Allah aziz şerefli ve yücedir anlamına gelir. El-Mu'iz ise Allah dilediği kimseye de şeref verir demektir. İzzet ve şeref kazanmak, itibar sahibi ve iyi sözlerle anılan biri olmak için zikredebilirsiniz.

26. El-Müzil

Dilediğini zillete düşüren.

Ebced değeri: 770.

Sakın ola bu ismi zikretmeyiniz. Saygılı bir biçimde Allah'ın buna da güç yetirdiğini bilip bu ismin enerjisinden Mu'iz isminin enerjisine sığınmayı seçiniz. Düşmana falan da okunmaz, ondan önce siz yanarsınız, aman.

27. Es-Semi

Her şeyi en iyi işiten.

Ebced değeri: 80.

Kulağı duymayan, işitme zorluğu çeken, ses duyan, kâbus gören, huzursuz kimseler zikredebilir. Her duadan sonra üç kere Es-Semi, El-Mücib isimlerini ve duanız biter bitmez de "Es-semi'ül mücib" diye art arda üç kere söyleyiniz ve amin deyiniz. Kabulüne destektir ve çok olumlu etkisi vardır.

28. El-Basir

Gizli açık, her şeyi en iyi gören.

Ebced değer: 302.

Görme sorunu olan biri önce sağ gözüne elini koyup 302 kez, ardından sol elini gözüne koyup ona da elini koyarak 302 kez bu ismi zikre devam ederse hem kalp gözü hem de dünya gözü açılır, sağlamlaşır. Hep güzel manzara ve olaylar görmeye niyet ederek zikrediniz.

29. El-Hakem

Mutlak hâkim, hakkı batıldan ayıran. Hikmetle hükmeden.

Ebced değeri: 68.

O öyle bir zat ki yaptığı işlerin inceliğini kimse kavrayamaz. Kavrayacak olsa hayrete düşer ve bu inceliğin karşısında inançla, şükürle titrer. Allah her işi ince bir ayar, zekâ, sanat ve tasarımla yapar. Kalp gözü açılsın ve derin sırlar kendisine haber verilsin isteyen, bilmek istediği her ilim için niyet ederek bu ismi zikredebilir. Mahkeme ve hukuki konularda zafer için, 68×68 kez bir köşede niyet edip zikreden mahkemesinde zafer elde edebilir. Aralanamayan, çözülemeyen her mesele için bu ismi zikredebilirsiniz.

30. El-Adl

Mutlak adil, çok adaletli.

Ebced değeri: 104.

Adaletli olmak konusunda sadece en doğrusunu Allah bilebilir. Allah adildir ve o bizim görmediğimiz, zerre kadar olan iyiliği de kötülüğü de bilir. Biz adiliz zannederken gözden kaçırdığımız çok şey olabilir ve haksızlığa uğradığımızı düşünürken aslında kendi yaptığımız ama görmediğimiz hatalar da olabilir. Bu nedenle bu isim okuyan ne kadar haklıyım da dese ağır gelebilir. Adalet için dua ederken hep, "Allahım adaletinden şefkatine ve merhametine sığınıyorum. Bana adaletinle, değil merhamet ve sevginle yaklaş," deyiniz. Emin olduğunuzu zannettiğiniz davalar için bile bu ismi zikretmeyiniz.

31. El-Latif

Lütuf ve ihsan sahibi olan. Latif, zarafet ve incelik sahibi zat.
Bütün incelikleri bilen.

Ebced değeri: 129.

Hiç bırakılmaması gereken ve en olumlu tesir veren isimlerden biridir. Bu ismi düzenli zikreden kimse daha eksikliğini bile duymadan ihtiyacı olanlara erişir. Hiç bırakmayınız ve bolca zikrediniz.

32. El-Habir

Olmuş olacak her şeyden haberdar.

Ebced değeri: 812.

Bu isim de özellikle mesleği günümüzde sosyal medya, internet, gazete, yazarlık olan kimselerin işlerini kolaylaştırıcı etkiye sahiptir. Ancak tabii ki çok daha başka faydaları da vardır. 812 kere zikredip niyet ederek uyuyan ve buna üç-beş-yedi gece devam eden, merak ettiklerini uykusunda ya da uyanık mutlaka öğrenir. Ama devamlı zikredilecekse dikkatli ve kararında olmalı, çünkü her şeyden haberdar olmak sadece Allah'a mahsustur ve bu her zaman iyi bir şey değildir.

33. El-Halim

Cezada, acele etmeyen, yumuşak davranan.

Ebced değeri: 88.

Eğer çok duygusal, çok yumuşak kalpli, fazla hayır demeyi bilmeyen utangaç biriyseniz devamlı zikir haline getirmeniz tavsiye olunmaz. Dua ederken şu şekilde zikredin: "Allahım bana Halim isminle yumuşak ve sevgi dolu bir biçimde yaklaş." Bir de gaddar, zalim eş, evlat, huzursuzluk çıkaran şiddete meyilli kimseler için yumuşak ve edepli olsunlar niyetiyle zikredilirse çok faydasını görürler. Alkol, kumar, uyuşturucu batağında olan, ahlakı bozuk kimselerin tedavi ve iyileşmesi için niyet edilip sessiz bir yerde 88×88 kere "Ya Halim" ve 664 kere "Ya Reşid, Ya Alim" isimlerini zikrederlerse ve bunu düzenli yaparlarsa o kimsenin kurtuluşuna vesile olurlar.

34. El-Azim

Büyüklükte benzeri yok. Pek yüce.

Ebced değeri: 1020.

Uyuşuk kimseleri harekete geçiren, ama güçlü enerjisini herkesin kaldıramayacağı bir isim. Başlayın ve hissettiklerinize göre devam edip etmeyeceğinize karar verin.

35. El-Gafur

Affı, mağfireti bol.

Ebced değeri: 1286.

Muhteşem bir parlaklık veren, paklayan, günahların affına, hatta soy bağından gelen tüm günahların dahi affına vesile olacak bir zikirdir. Bırakmayan çok faydasını görür.

36. Eş-Şekur

Az amele, çok sevap veren.

Ebced değeri: 526.

Bu ismi zikretmeye devam eden, çok çeşitli nimet ve mutluluklarla müjdelenir. Bereketi artar. Güzel bir olay yaşadığınızda bu zikirle Allah'a teşekkür ederseniz daha da güzel şeylerin yaşandığını göreceksiniz.

37. El-Aliy

Yüceler yücesi, çok yüce.

Ebced değeri: 110.

Yüksek mertebelere nail olmak maksadıyla devam edebilirsiniz.

Ferahlık veren bir isimdir, ama Aliy olan Allah'tır, eğer bu ismi zikrederken bir ağırlık hissederseniz sadece üç kere, "Allahım Aliy ve şanlı olan sensin beni de yücelt," diyerek tamamlayın.

38. El-Kebir

Büyüklükte benzeri yok, pek büyük.

Ebced değeri: 232.

Sadece Allah'a yakışan bir isim. Saygı ve itibar kazanmak için zikredilebilir, fakat sahibi doğru niyette değilse bu isim onu mağlup eder. "Allahım büyüklük ancak sana yakışır," deyin ve virt edinmek konusunda iyi düşünün.

39. El-Hafiz

Her şeyi koruyan.

Ebced değeri: 998.

Bu isim her türlü korkudan korunmak için günlük zikir haline getirilmelidir. Korktuğunuz şeylerden korunmak için niyet edip zikredebilirsiniz.

40. El-Mukit

Her yaratılmışın rızkını, gıdasını veren, tayin eden.
Ebced değeri: 550.

Bereketsizlik, darlık çeken bu ismi bırakmasın.

41. El-Hasib

Kulların hesabını en iyi gören.

Ebced değeri: 80.

Bilhassa öğrencilerin hiç bırakmaması gereken isimlerden. Çocuk ya da velisi niyet edip zikrederse öğrencinin başarısı artar, matematikle ilgili her sorun için bu zikri bırakmayınız. Sınav öncesi 80×80 kez ya da en azından derse başlamadan önce 80 kez niyet ederek başlayan hafızasının iyileştiğine şaşırarak şahit olur.

42. El-Celil

Celal ve azamet sahibi olan.

Ebced değeri: 73.

Cazibeyi ve karizmayı destekleyen, ancak belli zor koşulları da tetikleyebilecek bir isim. Zikretmeden önce iyi düşünmek gerekir, ağır gelebilir.

43. El-Kerim

Keremi, lütuf ve ihsanı bol, karşılıksız veren, çok ikram eden.

Ebced değeri: 270.

Bu ismi zikredenin bereketi artar. Nereye gitse cömert ve eli açık insanlarla karşılaşır. Kendisi de cömert olur ve cömert olmak malını eksiltmediği gibi artıracaktır.

44. Er-Rakib

Her varlığı, her işi her an görüp, gözeten, kontrolü altında tutan.
Ebced değeri: 312.

Güçlü bir etkisi olan ve çoğu kişi için ağır gelebilecek bir isim olabilir. Kontrolcülük ve kuvveti artırır, ancak ağır gelebilir. Yine de deneyerek, tecrübe edilerek devam edilmelidir.

45. El-Mücib

Duaları, istekleri kabul eden.

Ebced değeri: 55.

Bu ismi hiç bırakmayınız. Bu ismi El-Mecid ismiyle birleştirip 55 kez El-Mücib, 57 kez El-Mecid ve 55 kez Ayetelkürsi şeklinde zikredip arkasından meşru dua edenin duası reddolunmaz, tabii ki inşallah. Üzerinde göz ve nazar varsa gider. Bu şekilde suya okuyup içen arınıp temizlenir. Tuza okuyup yemeğine ekleyen de sağlık ve afiyete kavuşur. Ya Mücib esmasını mümkünse tüm dualardan önce ve sonra zikretmelisiniz. Ancak her gün düzenli devam edecekseniz sakın ola kötü düşünüp, kötü konuşmayın, çünkü ağzınızdan çıkan kabul olur. Bu ismi "Ya Mücibed Deavat" (Ey dualara muhakkak cevap veren Allah) diye bin kere meşru duasının ardından zikredenin duası reddolunmaz.

46. El-Vâsi

Rahmet, kudret ve ilmi ile her şeyi ihata eden.

Ebced değeri: 137.

Bu ismin zikrine devam eden darlık yüzü görmez, her zorluktan feraha çıkar. Asla bırakmayınız.

47. El-Hâkim

Her işi hikmetli, her şeyi hikmetle yaratan.

Ebced değeri: 78.

Çok müşkülde ve çaresiz kaldığınız davalar için niyetlenip zikredebilirsiniz. Ama yine de Hz. Yusuf'un yaptığı gibi kendi haklılığından ve mağduriyetinden emin olmak yerine, kendi eksiklerinin olabileceğini düşünerek Allah'ın lütfu ve keremine sığınmak en yerinde olandır. Hz. Yusuf Allah'ın lütfuna sığınmış ve kendisini çok nezaket ve lütuf, iyilik sahibi bir zat olduğu için yardım istediğini belirtmişti. İşte bu dua onu kurtarıp sultan yaptı. Allah'a ne olursa olsun rahmet, lütuf ve merhamet kanalıyla yalvarıp dua etmeliyiz. Eğriyi, doğruyu yalnız Allah bilir. Ve eğer başınıza gelen bir hadise ya da içeriğini çok merak ettiğiniz bir durum için bu ismi zikrederseniz o işin incelikleri ve sebepleri size sunulur.

48. El-Vedud

Kullarını en fazla seven, sevilmeye en layık olan.

Ebced değeri: 20.

Bu isim ilginç bir biçimde fazla duygusal kimselere ağır gelebiliyor, ancak ben faydası dışında bir etkisini görmedim. Bu isim yuvaları şenlendirir, gönülleri ısındırır. Meşru ilişkilerde sevginin ve huzurun artmasına niyet ederek zikredebilirsiniz. Yuvasının dağılmasından korkan ve eşini seven, aslında onun da kendisini sevdiğini bilen, ancak çeşitli sebeplerden ayrı düşen biri tenha bir yerde gül kokuları sürünerek yirmi bin kez bu ismi zikredip ardından 55 kez Ya Mücib diyerek duasını kendi istediği biçimde yaparsa eşi ona sevgiyle gelir ve aralarında muhabbet artar.

Ben meşru diyerek altını çiziyorum. Kötüye kullanıp kötülüğe hizmet edenin vebali kendisine olsun ben mesul değilim. Çünkü çok etkili bir isimdir. Kendini yalnız hissedip üzülen herkes virt edinmelidir.

49. El-Mecid

Her türlü övgüye layık bulunan.

Ebced değeri: 57.

Bu isme devam eden kimsenin duası makbul olur, parlaklaşır. İtibarı artar, gözden düşen ya da iftiraya uğrayanlar devam ederlerse itibarları yerine gelir. Tabii ki inşallah.

50. El-Bais

Ölüleri dirilten.

Ebced değeri: 573.

Hastalık veya kaza sebebiyle organları işlevini kaybeden bir kimse, bu ismi elini ölen organına götürerek, "Allahım bu ölen yanımı dirilt," niyetiyle zikrederse şifa bulur. Yitip giden malın gelmesi, kaybolanın bulunması, biten ilişkinin kurtulması için zikredebilirsiniz, ancak yine de ağır bir isimdir. Durduk yere zikredeyim her gün okuyayım derseniz unutmayın bir şeyin dirilmesi için önce ölmesi gerekir. Durduk yere kendinize kayıp enerjisini celbetmeyin.

51. Eş-Şehid

Her zaman her yerde hazır ve nazır olan.

Ebced değeri: 319.

Bu zikre devam eden kimse şehit mertebesine erişir, ancak ağır gelebilecek bir isimdir. Bu ismi celbederken iyi düşünün şahadet hem zordur hem de herkese nasip olmaz. Bu isim Allah'ın ve özgürlük verdiği ruhların, yani cennet ehli ve şehitlerin zaman ve mekândan münezzeh oluşunu da kapsar. Yine de dikkat etmenizi tavsiye ediyorum.

52. El-Hak

Varlığı hiç değişmeden duran. Var olan, hakkı ortaya çıkaran.

Ebced değeri: 108.

Bu isim yalancı birine niyet ederek düzenli zikredilirse o kimseyi yalandan uzaklaştırmaya vesile olur. Her gün daralanlar ya da acı çeken kimseler, yardım isteyen kimseler, "Hay Hak, Hay Hak, Hay Hak," derse ferahlar. Doğruluğun ispatı, iftiraya uğrayanın kurtulması, bir olayda suçlunun bulunması ve hırsızlık olduğunda ortaya çıkması için niyetlenip zikredebilirsiniz. Zikrin size nasıl hissettirdiğini tecrübe ederek ilerleyiniz.

53. El-Vekil

Kendisine tevekkül edenlerin işlerini en iyi neticeye ulaştıran.

Ebced değeri: 66.

Bu isim kendini savunmasız hisseden herkesin zikredebileceği bir isimdir. Çözemediğiniz her konu için niyet edebilirsiniz. Allah zikriyle birleştirir. 66 kez Ya Vekil, 66 kez Ya Allah şeklinde zikre devam edip dua ederseniz, kendinizi kötü hissettiğiniz her durumdan kurtulmanıza vesile olur.

54. El-Kavi

Kudreti en üstün ve hiç azalmaz.

Ebced değeri: 116.

Oyuncu, sporcu, rekabet edilen işlerde çalışanlar bu ismi bırakmasın. Yenilmek istemeyenler devam etmeli. Ancak haksız olduğunuz halde zikrederseniz ummadığınız sıkıntılar yaşayabilirsiniz. Dikkatli zikretmelisiniz.

55. El-Metin

Kuvvet ve kudret kaynağı, pek güçlü.

Ebced değeri: 500.

Yine işini kuvvet ve rekabetle yapan, ağır işlerde çalışanları destekleyecek bir isim. Dayanıksız her olayda yıkılan kimseler de zikredebilirler, ancak durduk yerde bu etkilere sahip değilken virt edinirseniz hayatınızda sizin güçlü olduğunuzu ispat eden olayların yaratılmasına vesile olursunuz. Oysa bize kuvvet ispatı değil, kolaylık lazım. Lütfen neyi nasıl istediğinizi hep düşünün.

56. El-Veli

İnananların dostu, onları sevip yardım eden.

Ebced değeri: 46.

Kendini yalnız hisseden, arkadaşlıkları bozulmuş ya da yeni bir yere taşınıp yalnızlık çekenler, "Doğru ve hayırlı, iyiliksever dostlarla karşılaşmaya ve sağlam, kalıcı dostluklar kurmaya niyet ediyorum," diyerek bu ismi zikrederlerse çok faydasını görürler. Dostuyla ayrı düşüp üzülenler niyet edip zikrederlerse barışırlar. Biriyle dost olmak için, tabii ki meşru niyetlerle, niyet edip zikrederseniz o kimse size dost olur. Faydalı ve zikri iyi gelen bir isimdir. Gerçek dost yalnızca Allah ve O'nun sevgisini kaybetmekten çekinen ve bu yüzden yeri bile incitmek istemeyen kimseler olabilir, bunu da unutmamak gerekir.

57. El-Hamid

Her türlü hamd ve senaya layık olan.

Ebced değeri: 66.

Bir olayda istediğini alan kişi bu aldığı, elde ettiği şeyin kalıcı olmasına niyet edip zikrederse o şey kendisinde kalıcı olur. Bu ismi Ya Mücib, Ya Allah, Ya Hamid şeklinde bolca zikredip dua ederseniz duanız makbul olur. Zikrine devam ettiğiniz sürece yaşadığınız tecrübeye nispetle devam ediniz.

58. El-Muhsi

Yarattığı ve yaratacağı bütün varlıkların sayısını bilen.

Ebced değeri: 148.

Bu isim matematiksel konuları geliştirmek isteyen herkesin devam etmesi gereken bir isimdir. Unutkanlık sorunu yaşayanların da bırakmadan, hatta gün gün artırarak devam etmesini tavsiye ederim.

59. El-Mübdi

Maddesiz, örneksiz yaratan.

Ebced değeri: 57.

Başarı elde etmek, güzelleşmek, parlamak ve yaptığı her işte fark yaratmak isteyen bu ismi zikretmeye devam etsin.

60. El-Muid

Yarattıklarını yok edip, sonra tekrar diriltecek olan.

Ebced değeri: 124.

Saygıyla bilinip idrak edilip enerjisini yoğunlaştırmamak gereken, zikrinde sahibine çok ciddi sakıncalar getirebilecek olan bir isim olduğundan tavsiye olunmaz.

61. El-Muhyi

İhya eden, dirilten, can veren.

Ebced değeri: 68.

Bu isim çok çabuk tesir eden isimlerden biridir. Cansız, hareketsiz, mutsuz, hayattan elini eteğini çekmiş, bir sebepten tembel kimseler bu zikri virt edinirlerse dirilir, canlanır ve hayat dolu olurlar. Bolluk ve bereket verir. Eceli gelmemiş hastaya başında oturulup suya 68×68 kez okunup içirilirse, inşallah iyi olur. Şifa için çok etkilidir. Kendini başarısız ve hantal bulan bu ismi bırakmasın.

62. El-Mümit

Her canlıya ölümü tattıran.

Ebced değeri: 490.

Zaten Mars enerjili bir isim. Mücadele ve zorlayıcı etkiler verebilir. Hiçbir maksatla zikredilemez. Bitip yok olmasını istediğiniz şey bir hastalık bile olsa bunu bu ismi zikrederek yapmayınız. Bu enerjiyle baş edemezsiniz. Bunun yerine Ya Muhyi diyerek kendinizi güçlendirin ve karşınızda duran sorunu böylece yenmeyi deneyin.

63. El-Hay

Ezeli ve ebedi hayat sahibi.

Ebced değeri: 18.

Bu ismi El-Kayyum ismiyle birleştirip her gün belli bir miktar okuyan, eceli gelmediği takdirde her kötülük ve afetten korunur. Bilhassa deprem korkusu, yuvasının dağılma endişesi, ayakta durma zorluğu, bacak ağrısı çekenler, kendisini hayatta dayanaksız hissedenler El-Hay ve El-Kayyum isimlerini birlikte okusunlar.

64. El-Kayyum

Varlıkları diri tutan, zatı ile kaim olan.

Ebced değeri: 150.

El-Hay ismiyle birlikte zikretmenizi tavsiye ederim. Başında ve sonunda 7 kez Ayetelkürsi okuyarak arada 18 kez Ya Hay ve 150 kez Ya Kayyum zikreden ve korunmaya niyet eden hem korunur hem de yükselir.

65. El-Vacid

Kendisinden hiçbir şey gizli kalmayan, istediğini, istediği vakit bulan.

Ebced değeri: 14.

Bu ismi kaybı olan, yitiği olan hiç bırakmasın. Acil kaybı olan tenhada 140 bin kez zikreder ve dua ederse kaybından haber alır. Tabii ki inşallah. Ayrılık acısı yaşayan zikrederse ayrıldığı ile kavuşur. Eşyasını kaybeden niyet edip okursa bulur.

66. El-Macid

Kadri ve şanı büyük, keremi, ihsanı bol olan.

Ebced değeri: 48.

Venüs enerjisinde ve safi iyilik içeren güzellik veren bir isimdir. Güzelleşmek, parlamak, her yönden güzel ve zengin olmak isteyen hiç bırakmasın.

67. El-Vahid

Zat, sıfat ve fiillerinde benzeri ve ortağı olmayan, tek olan.
Vahidul ahad.

Ebced değeri: 63.

Bu isim "ism-i azam" olabilecek bir isimdir. Allah'ın birliğini vurgular. Bir yarışı kazanmak, rakiplerini geride bırakmak isteyen niyet edip okursa amacına mutlaka ulaşacaktır. Meşru dilekler kendi kendine olmaya başlar, yine de eğer çok ağırlık hissederseniz saygıyla zikrini bırakın. Bırakırken, "Allahım tek ve eşsiz olan yalnız sensin. Bu özellik ancak sana aittir. Seni noksan sıfatlardan tenzih ederim. Seni eksik kimselerle bir tutmam bu ismini ve birliğini kutlarım," deyin. Sonra daha hafif hissettirecek bir isimle devam edin, yine Allah'a O'nun isimleriyle yönelmeye devam edin.

68. Es-Samed

Hiçbir şeye ihtiyacı olmayan, herkesin muhtaç olduğu.

Ebced değeri: 134.

Yine hiç bırakılmaması gereken isimlerden. Bu ismi düzenli okuyan ihtiyaç duyduğu her şeye hemen sahip oluverir. İhtiyaçları giderilir, rızkı ve bereketi artar. Şansı açılır ve kısmeti genişler.

69. El-Kâdir

Dilediğini dilediği gibi yaratmaya muktedir olan.

Ebced değeri: 305.

İtibar kazanmak, zor işlerin altından kalkabilmek, başarmaktan korktuğu sorun ve sorumluluklara galip gelmek niyetiyle zikredilebilir. Çok ağır gelirse dikkatli zikrediniz.

70. El-Muktedir

Dilediği gibi tasarruf eden, her şeyi kolayca yaratan kudret sahibi.

Ebced değeri: 744

Kadir ismiyle benzeşir. Müdür, patron, baş olmak, terfi etmek ve zor işlerin altından kalkmak isteyenler zikredebilir. Ağır geliyor mu diye kendinizi ve hayatınızı mutlaka takip edin.

71. El-Mukaddim

Dilediğini öne alan, yükselten.

Ebced değeri: 184.

İşte çok mühim bir başarı virdi. Sınava girecek olanlar tenhada 184×184 kez zikredip dua ederse başarılı olurlar. Bir çekiliş, sınav ya da terfi için zikrederseniz amacınıza ulaşırsınız.

72. El-Muahhir

Dilediğini sona alan, erteleyen, alçaltan.

Ebced değeri: 847.

Yine sandığınız gibi düşman için ya da birinin sizi bırakması için falan okunmaz. Bir yerden yapıp bir yerden bozarsınız. Bir şeyleri geride bırakmak istiyor ya da birinden kurtulmak istiyorsanız neden bunu o kişiyi ya da olayı geri atmaya çalışmak yerine, kendinizi ileri almaya niyet etmiyorsunuz? Bu da uzaklaşmanız demek değil mi? Öyleyse neyden uzaklaşmak istiyorsanız Ya Mukaddim ismine yönelin ki siz öne geçtiğiniz için mesafe açılsın. Tercihiniz El-Muahhir değil, El-Mukaddim olsun ki "Allah'tan hep pozitif olarak talep eden, iyi huylu kimselerden," diye not etsin melekler sizi.

73. El-Evvel

Ezeli olan, varlığının başlangıcı olmayan.

Ebced değeri: 37.

Acil olmasını istediğiniz işler, acil iyileşmesi gereken hastalar, hızlanmasını istediğiniz konular, yaşlanmamak ve genç kalmak için zikredebilirsiniz.

74. El-Ahir

Varlığının sonu olmayan.

Ebced değeri: 801.

Yine Mars enerjili bir isim. Zikredene ağır gelebilir. Düşmandan kurtuluş için de zikredilmez. Sadece geçmiş günahların yedi göbeğe kadar affı için dua ettikten sonra, "Evvelin ve ahirin," diye ekleyip "Amin" diyebilirsiniz. Bu ismi daimi zikir yapmak ağır gelir. Dikkat ediniz, aklediniz.

75. El-Zâhir

Varlığı açık, aşikâr olan, kesin delillerle bilinen.

Ebced değeri: 1106.

Bilmek öğrenmek istediğiniz konuya niyet eder, düzenli zikreder ve uyursanız ya rüyanızda ya da gün içinde size bilgi verir. Bu ismi daimi zikreden her şeyi ayan beyan görüp bilmeye başlar, ama bir süre sonra bu durumu kaldıramayabilir. Düzenli virt edinecekseniz 1106'nın yarısı kadar, yani 553 kez devam ettirebilirsiniz. Merak ettiğiniz her konunun cevabı için zikredebilirsiniz.

76. El-Bâtın

Akılların idrak edemeyeceği, yüceliği gizli olan.

Ebced değeri: 62.

Gizemli kalan konuları ortaya çıkarmak için zikredebilirsiniz. Sezgileri güçlendiren, ama bir şeyleri yavaşlatabilecek ya da gaybi âlemlerin sırlarını açabilecek bir isim olduğundan dikkatli zikretmenizi tavsiye ederim. Medyumlukla ilgili özellikleri artırır, ama devamlı zikreden kişi ne kadar memnun ve huzurlu olur tartışılır. Ancak niyetinizi doğru yaparsanız o başka. Kendini hiçbir işe uygun göremeyen, devamlı arayışta olan, kendisinin en önemli ve üstü örtülmüş yeteneğini bilmek isteyen kişi, "Allahım bende gizli olup ortaya çıktığında bana iyilik, bolluk, bereket ve başarı getirecek özelliklerimi bana kolaylıkla fark ettir," şeklinde söyledikten sonra zikrederse çok başarılı olacağını görecektir.

77. El-Vali

Bütün kâinatı idare eden.

Ebced değeri: 48.

Meşru mertebeler, yükselişler ve başarı için zikreden kısa zamanda arzularına kavuşup yükselir.

78. El-Müteali

Son derece yüce olan.

Ebced değeri: 551.

Bu isim çok yüce ve ancak hak edenleri başarıya götürecek bir isimdir. Kalbinizden eminseniz bırakmayın. Art arda yükseliş, parlayış ve başarı getirecektir. Zafer kazanmak ve iktidar olmak niyetiyle zikredilebilir.

79. El-Ber

İyilik ve ihsanı bol, iyilik ve ihsan kaynağı.

Ebced değeri: 202.

Venüs enerjili bir isimdir. İnanılmaz arındıran, yumuşatan, pak eden, bolluk getirecek bir isimdir. Yalnız uyarmak isterim bu ismi virt edinen hiç bırakmamalıdır. Böyle bir özelliği var, hayat boyu günde üç kez bile olsa asla zikrini bırakmazsanız mucize etkilerini göreceksiniz. Bolca zikredenin ahlakı düzgün olur ve karşısına da iyi huylu insanlar çıkar.

80. Et-Tevvab

Tevbeleri kabul edip, günahları bağışlayan.

Ebced değeri: 409.

Bu ismi zikredenin günahları affedilir, göğsü genişler, ferahlar, ahlakı düzelir. Günlük zikreden gün içinde işledikleriyle ilgili (büyük günah ve kul hakkı değilse) affedilir ve tertemiz uyur, tertemiz uyanır. Genişleten ve rızkı bereketlendiren bir isimdir.

81. El-Müntakim

Zalimlerin cezasını veren, intikam alan.

Ebced değeri: 630.

Elbette ki intikam talep etmeyeceksiniz. Kimin başına ne gelmesi gerektiği kısmını tamamen Allah'a bırakmalısınız. Akletmeye davet ediyorum dilinizi ve gönlünüzü, Allah'tan intikam değil şifa istemeye odaklayın.

82. El-Afüv

Affı çok olan, günahları affetmeyi seven.

Ebced değeri: 165.

Ferahlatan, rahatlatan Tevvab ve Selam isimlerinin bir karışımı gibidir. Göğsü yumuşatan, kin ve öfkeyi yatıştıran, iyileştiren bir enerjisi vardır. Kurtulmak, azat olunmak, mahkûmiyetten kurtulmak, feraha çıkmak için zikredebilirsiniz. Hiç bırakmayan çok fayda görür.

83. Er-Rauf

Çok merhametli, pek şefkatli.

Ebced değeri 387.

Bu ismi bir zalimin yumuşaması niyetiyle devamlı zikrederseniz mucizeyi göreceksiniz. Sevgi ve iyi duyguların artması niyetiyle de zikredebilirsiniz. Aşırı sancısı olanlar bu ismi zikretmelidir. Bilhassa meme ve mide bölgesinden hasta olanlar bu ismi ellerini göğüs ya da midelerine koyarak zikrederlerse kurtulurlar inşallah.

84. Malikü'l Mülk

Mülkün, her varlığın sahibi.

Ebced değeri: 212.

Mal ve mülk edinmek, ev sahibi olmak niyetiyle zikredebileceğiniz isim budur. Bu ismi bırakmayan hem dünya hem ahirette güzel yurt, ev sahibi olur. Ev almak için niyet edip kırk gün devam ederseniz, mucizeyi göreceksiniz. 212×212 şeklinde zikreder, sonuna da 37 kere Ya Evvel, 55 kere Ya Mücib isimlerini ekler ve dua ederseniz tez vakitte ev sahibi olabilirsiniz tabii ki inşallah.

85. Zülcelali velikrâm

Celal, azamet ve pek büyük ikram sahibi.

Ebced değeri: 100.

Bu ismi her sabah güneş doğarken ya da güneşe bakarak zikredip dua eden ummadığı nimet ve yükselişlerle karşılaşır. Büyük isimlerdendir. Aşırı cömert ya da aşırı sert olma durumunu dengeler. Yerine göre eli açık, yerine göre tutumlu olursunuz, bereketiniz artar. Bu ismi bırakmayan, üstüne altın bir levhaya yazdırıp boynunda taşıyan ün ve mevki, övgü sahibi olur.

86. El-Muksit

Her işi birbirine uygun yapan.

Ebced değeri: 209.

Bu ismi El-Cami ismiyle birleştirip okuyan ayrı düştüğü kişiyle birleşir. Son günlerde popüler olan ruh eşi kavramına inananlar kendilerini tamamlayacak biriyle bir araya gelmek isteyenler, bu ismi bolca zikretmelidirler. Sanatla uğraşanlar, tasarım yapanlar hiç bırakmasın.

87. El-Cami

Mahşerde her mahlukatı bir araya toplayan.

Ebced değeri: 114.

Bu ismi bırakmayan sevdiklerinden ayrı düşmez ve bu korkusunu da yener. Neyi kendinize çekmek istiyorsanız o cinsten bir isimle birleştirerek okuyabilirsiniz. Bir cemiyete dahil olmak isteyen niyet edip bu ismi zikrederse istediği cemiyete girer.

88. El-Gani

Her türlü zenginlik sahibi, ihtiyacı olmayan.

Ebced değeri: 1060.

Bu ismi El-Muğni ismiyle art arda zikreden zenginleşir.

89. El-Muğni

Müstağni kılan, ihtiyaç gideren, zengin eden.

Ebced değeri: 1005.

Bu ismi El-Gani ismiyle birlikte her gün zikreden zengin ve cömert olur, tabii ki inşallah.

90. El-Mâni:

Dilemediği şeye mani olan, engelleyen.

Ebced değeri: 160.

Bu ismi "El-Mâni, El Dafî", "Ya Mâni, Ya Dafî" diye art arda zikreden kişi kurtulmak istediği birinden kurtulur. O kişi onu görmez. Ağır gelmezse de her gün zikredilmez, sadece acil kurtulma isteğiniz olduğunda söylenmelidir. "Ey belaları def eden Allahım filanca durumu ya da kişiyi benim hayatımdan def et, onun bana yaklaşmasına mani ol," dedikten sonra zikreden kurtulur. Ben bana takan bir hocadan her gün bu zikri niyetle okuyarak koca dönem korundum. Adeta beni unuttu. Size de bu gibi durumlarda bu iki ismi birleştirerek yardım istemenizi tavsiye ederim.

91. Ed-Dâr

Elem, zarar verenleri yaratan.

Ebced değeri: 1001.

Tabii ki Mars enerjili. Hiçbir maksatla bu ismi harekete geçirip uyandırmaya cüret etmeyiniz, önce sizi yakalar.

92. En-Nafi

Fayda veren şeyleri yaratan.

Ebced değeri: 201.

Şifa bulmak, iyileşmek, iyilerle karşılaşmak isteyenler zikretsinler. Arıcılık işi yapanlar her gün zikrederse balları bol ve bereketli olur. Kişi iyi huylu olur ve iyi huylu kimselerle bir araya gelir. Sizi zora sokan konuların iyileşmesi kötüye giden durumların düzelmesi için zikredebilirsiniz.

93. En-Nur

Âlemleri nurlandıran, dilediğine nur veren.

Ebced değeri: 256.

Her gün zikredenin yüzü ayın on dördü gibi olur. Her ay dolunay vakti oruçlu olduğu halde bu ismi zikreden kimse, kısa zamanda herkesin dikkatini çekecek biçimde güzelleşir. Tecrübe ettiğim bir isimdir.

94. El-Hadi

Hidayet veren.

Ebced değeri: 20.

Doğru yola gelmek, ibadet ve iyi işleri zorlanmadan yerine getirmek, doğru yolda sebat etmek, ahlakın düzelmesi niyetiyle bırakılmadan zikredilirse çok faydalı olacaktır.

95. El-Bedi'

Eşi ve benzeri olmayan güzellik sahibi, eşsiz yaratan.

Ebced değeri: 86.

Çok güzel ve biricik olmak isteyen hiç bırakmasın. Her ihtiyacı giderilir, işleri mucizelerle hallolur, bereketlenir.

96. El-Baki

Daimi, ölümsüz, ebedi olan.

Ebced değeri: 113.

Genç kalmak, uzun ömürlü olmak, sarsılmadan düzenli hayat yaşamak isteyen hiç bırakmasın. Sağlık sıhhat de getirici bir etkisi vardır.

97. El-Vâris

Her şeyin asıl sahibi olan.

Ebced değeri: 707.

Bu ismi zikredenin malı artar, miras meselesi olan, mirasını alamayan bu ismi düzenli zikretmeli. Bolluk ve bereket verici bir etkisi vardır.

98. Er-Reşid

İrşada muhtaç olmayan, doğru yolu gösteren.

Ebced değeri: 514.

Doğru yola girmek ya da kötü yollara sapmış birinin düzelmesi, bağımlıların kurtulması için, yarım kalan işleri bitirmek için zikredebilirsiniz. Düzenli zikreden her arzusuna sahip olur inşallah.

99. Es-Sabur

Ceza vermede acele etmeyen, çok dirayetli ve her durumda
sarsılmaz bir sabra sahip olan, vakti geldiğinde ceza veren.

Ebced değeri: 514.

İşte en son ve en zor isme geldi sıra. En çok sabretmekte
zorlanıyoruz bizler değil mi. Siz siz olun bu ismi devamlı virt
edinmekten geri durun. Çok büyük derdiniz de olsa şöyle
söyleyin, "Allahım sabırlı ve dayanıklı olan sensin, bense çok
zayıfım. Beni kolaylıkla, sevgiyle, selamete çıkar ve ferahlat."
Üstünüzde taşıyamayacağınız yükler almaya gönüllü olmayın.

Bu isimler bizlerin değil, Allah'ın isimleri. Bizde zerreleri olsa da hiçbirinin anlamını idrak edemez ve enerjisini kaldıracak kuvvette olamayız. Bu nedenle zikrederken fikretmeyi de sakın unutmayın. Anlattığım hususlara çok dikkat edin ve sakın ola Allah'a O'nun Celal sıfatını harekete geçirecek isimlerle yönelmeyin. Hep selamet ve merhamet dileyin. İşte bu hususlara dikkat edilirse ben size tüm hazinelerin anahtarlarını vermeye vesile oldum. Yok eğer kendinizi öfke ve intikama, zorbalığa ve meşru olmayan yollara adar, o niyetlerle zikrederseniz tüm sorumluluk size aittir. Burada öğrendiğiniz her şeyi iyiliğe kullanmanızı diliyor ve öyle arzu, niyet ediyorum.

Unutmayın bir başkasının özgürlüğüne müdahale etmek için çok iyi düşünmek gerekir. Allah nasıl her şeyi verip özgür iradeye bıraktıysa siz de sizi istemeyen ya da sizin istediğiniz terfiyi isteyen ve evvel yükselme yolunda sizden daha çok emek verip hak eden belki kaderine yazılı nasibi olan birine müdahale etmeyin ve özgür bırakın. Birini ya da bir konuyu akışta Allah'a teslim etmek en akıllıca olandır.

＂

ÜÇÜNCÜ BÖLÜM

Mutluluğa Giden "Gerçek" Yol ve Yöntemler

＂

Bu bölüm, her şeyden önce huzur, bolluk ve esenlik isteyen, bir ömür mutlu olmayı hedefleyenler içindir. Hiçbir yan tesiri, gölgesi ve sakıncası olmayan isimler ve sırlar burada mevcuttur.

Okyanusu Bilmeyen Dereleri Umman Zanneder

Burada bir bilinç açığa çıkıyor!

Bir yanda, "mutlu olmak için istediklerimiz", bir yanda "aslında bizi çok daha mutlu edeceği halde farkına varmadıklarımız" duruyor. Okyanusu bilmeyen dereleri umman zanneder misali insan bir şeye kafayı takınca maalesef o olmadan mutlu olamayacağını zanneder.

O adamı ister, o işi ister, hep bir şeyler ister ve isterken aslında yaratıcı kudretin eliyle çizilebilecek daha güzel senaryoları ıskalar. İşte ben de bu noktada on yedi yaşımdan beri hiç bırakmadığım bazı özel zikirlerimin nasıl da benim nefsani ve bitmek bilmez isteklerimden bağımsız olarak hayatımı şekillendirdiğini şükrederek görüyorum.

Öyle isimler vardır ki onları tekrar etmeyi bir vazife haline getirip tadını da aldıktan sonra, hayatınız esenlik ve huzurla dolacak, ummadığınız hediyeler yolunuza serilecek. Neye ihtiyacınız olduğunu sizden daha iyi bilen ilahi sistemin kurucusu siz daha ihtiyaç duyacağınızı bile bilmeden onu size getirecek.

Arkanızdan kuyunuzu kazanlara siz cevap vermek zorunda kalmayacak ve özel bir kalkanla korunacaksınız. Bu hiç aksilik olmayacak demek değil! Aksilikler öğreticidir ve hep en başından beri söylediğim gibi olması gerektiği için olur, daha önemli bir amaca hizmet eder ya da sizi bambaşka zararlardan korur. Örneğin ayağınız kırılır uçak yolculuğunuzu iptal edersiniz, sonra bir bakarsınız uçak düşmüş! Yani bir koruma çemberi içinde, aksiliklerin bile size hizmet ettiği enerjiler altında esenlikle yaşarsınız hayatı. Herkes korkarken siz kendinizle barışık olursunuz, ilahi sisteme güvenir ve yaşamdan daimi bir huzur alarak ilerleyebilirsiniz.

Ya selam: *Her çeşit sıkıntıdan salim kalan etkilenmeyen ve kullarını da tehlikelerden koruyan Yaradan. Esasen serinlik veren, ateşi suya, yakıcılığı serinliğe dönüştüren.*

İbrahim Peygamber ateşe atılırken suya, "*Ya Naru kuni berden ve selama*" dedi, yani "Ey ateş serin ve selamet ol!" Ve ateş suya dönüştü. Bu isim her sıkıntı ve bunalımdan insanı kurtaran bir ferahlatıcı, imdada yetişen tatlı bir serinlik gibidir. Depresyon, mutsuzluk, umutsuzluk ve hayattan keyif almayanlar için takviye edici sihirli ve emsalsiz bir gıda gibidir.

Anneme depresyon geçirdiği ve umudunu yitirdiği yıllarda günde üç bin kez okumasını tavsiye etmiştim. Birkaç ay sonra bana neşeyle, "Kızım Ya Selam ismini çok zikret, depresyon diye bir şey kalmadı üstümde çok mutluyum," dedi. Uzunca güldüm ve dedim ki "Allah razı olsun sana kim tavsiye etmişti?" Sen, diye cevap verdi ve ikimiz de güldük.

Eşime, dostuma, kime tavsiye ettiysem her birinden teşekkür aldım ve kendim de on yedi yaşımdan itibaren bu ismi zikretmeyi hiç bırakmadım. Öyle bir isimdir ki kalp yangınlarını söndürür, salim, esenlik, serinlik, selamet verir. Tüm bunların içinde "Selam" vardır. Bu yüzden insanlar birbirlerine selam verirler. Birbirlerine esenlik ikram ederler. Söylendiği andan itibaren göğüste rahatlama, dinginlik hissi uyandırır, mutluluk verir. Tekrar edildikçe bu etkiler artar, bırakmadıkça hayatınıza huzur hâkim olmaya başlar. Cennet kelimelerindendir. Allah iyileri bu isimle karşılar. "*Selamun kavlen min Rabbin rahim.*" Çok esirgeyen merhametli Rablerinden onlara "selam" vardır. (Yasin/58)

Bu ismi beddua edilen, yangın çıkan, tarumar olmuş yerlerde zikrederseniz oraya serinlik ve selameti getirmeye vesile olmuş, negatif olan her şeyden yıkayıp temizlemiş olursunuz. Tavsiye edilen zikir sayısı 131'dir. Tecrübe eden biri olarak benim tavsiyem günde bin kez zikretmenizdir. Hiç bırakmamak için az ve devamlı zikretmeniz elbette yerinde olur ve tesirlerini kırk gün içinde açıkça tecrübe etmeye başlarsınız.

Bu ismin enerjisi hem su hem de havayla yoğrulmuştur, adeta yaşamak için gerekli ve önemli iki hayat veren elementin birleşimidir. Su gibi, hava gibi tesir eder, teskin eder, yatıştırır, şifa olur, kurtarır ve acıları dindirmeye vesile olur. Bu isim her derdin devası, her yangının suyu, her karanlığın ışığı gibidir. Tavsiyem odur ki hiç bırakmayınız.

Mağlup Olunmayan Galip

99 isim ezberlenmesi tavsiye edilen ve gerçekten Yaratıcı kudreti çok güzel tarif eden isimlerdir. Fakat söylediğim gibi Allah'ın isimleri sonsuzdur. Şimdi size esmayıhüsna dışında bir kaynaktan, Cevşen'den yani Büyük Zırh'tan bir isim tavsiye edeceğim: Ya Galiben Gayra Mağlup: *Mağlup olmayan galip, mağlup edilemeyen yenik düşürülemeyen zafer sahibi.*

Eğer bir kimse meditasyon, rabıta, sessizlik halinde bir köşede konsantre olup amaçladığı şeye odaklanıp, "Ey mağlup olunmayan galip , Ya Galiben gayra Mağlup" dedikten sonra art arda on bin kere "Ya Galip, Ya Galip, Ya Galip" diye zikrederse amacı neyse ona muhakkak ulaştığını görecektir.

Geçen yaz bir model ve solist arkadaşım klip çekmek için hem para hem de ayarlama yapma zorluğu çekiyordu. O kadar üzgün ve mutsuzdu ki aralıklarla ağlıyordu. Her şey sarpa sarmıştı, ben de derdine çare olamıyor sadece üzülüyordum. Hayatını devam ettirmesi, çocuklarına bakması gerekiyor, ama her yerden köşeye sıkışmış durumdaydı. Ona yukarıda söylediklerimi yapması gerektiğini anlattım. "Ya Galip diyeceksin, Allahım işimi tamamlamama yardım et, bu konuda beni galip ve zafer sahibi yap diyeceksin," dedim. O da hemen bana itimat ederek başladı. Ertesi gün iyi haberler gelmeye başladı. Parası geldi. Üstelik İstanbul'u sel götürüyorken. Ben bile Çengelköy'de mahsur kalmışken o teknede klibini çekti. İnanamıyordu Allah'a sığınıp dayanmanın yüceliği karşısında ikimiz de şükrettik. Hayatımda ne zaman yenilgi yaşamaktan, işlerin üstesinden gelemeyeceğimden şüphe etsem bu esmanın manasına tutunarak Allah'a yönelirim ve hiç geri çevrilmedim.

Niyet: "Ey Mağlup edilmeyen, zaferler sahibi, şanlı orduların komutanı, çocukluk düşlerimin sığınağı, acılarıma merhem, her yenilgide zırhına sığındığım yaratıcım. Bana yenilgisi olmayan, son bulmayan parlak bir zafer ver."

Bunları söyledikten sonra neye niyet ediyor, ne için zafer talep ediyorsanız bunu da belirtin ve konsantre olmuş biçimde tekrara başlayın.

El-Mu'iz: Dilediğini yüceltip aziz eden, izzet, şeref ve itibar veren Allah.

Bu ismi de gönül rahatlığıyla zikredebilirsiniz ama burada niyet çok önemli. Nasıl izzet ve şeref sahibi olmak istersiniz? Bazı kimseler başarı ve güzel özellikleriyle izzet ve şeref sahibi olurken, onurlandırılırken, bazıları toplumda kurban-kurtarıcı modeliyle şeref ve itibar sahibi olur. Bir kavgaya girip insanları kurtarırken ölerek de isminiz altın harflerle yazılabilir, ya da kendinizi feda edip bütünün hayrına yaptığınız bir büyüklük de sizi izzet, onur sahibi biri yapabilir. Kurban rolüne girmeden aziz, seçkin ve onurlandırılmış olmak için niyetinizi doğru yapmalısınız.

Niyet: "Ey kendisi Aziz, onurlu ve şeref sahibi olup, istediğini de onurlandıran, izzet, kuvvet ve şeref veren Allahım bana kolaylıkla, esenlikle ve yüzümü güldürecek mevkimi makamımı yükseltecek bir şeref ve yükseliş ver."

Bunları söyledikten sonra kendi özel niyetinizi de ekleyip ister eskilerin tavsiye ettiği 117 kere, isterseniz daha fazla zikredin. Bu ismi güneşli günlerde Güneş'e bakarak ya da Güneş doğarken zikretmeniz çok daha faydalı ve tesirli olacaktır.

Allahım Bana da Senin İsmini Temizleyip Mucize Yaşamayı Nasip Et

Üniversite yıllarımda evliyaların hayatlarını okurken "Bişri Hafi"nin hikâyesine denk geldim. Bişri Hafi meyhane meyhane gezen, annesini üzen, mutsuz olan ve mutsuz eden, adı da sarhoşa çıkmış biriymiş. Bir gün yine meyhaneye giderken sarhoş haliyle yolda ceylan derisi üzerine yazılı ama kir pas içinde dev bir "besmele" görüyor, sonra telaşla ve sallana sallana onu alıp evine getirip temizliyor. O gece bir rüya görüyor, rüyasında biri ona, "Ey Bişri, Sen bizim adımızı temizledin biz de senin adını temizleyeceğiz," diyor. Bunun üzerine tüm kötü alışkanlıklarından kurtulup parmakla gösterilen bir Allah dostu oluyor.

Bunu okuyunca çok ağladım ve gıpta ettim. O anki cahilliğim ve saflığımla, "Allahım bana da senin ismini temizleyip onun gibi olmayı nasip et," dedim. Sonra dışarı çıktım ve yüz metre ilerledim ki yerde kirlenmiş dev bir "Allah" yazısı. Şok oldum ve sevinçle yazıyı alıp koşarak eve döndüm. Yazıyı temizledim, süsledim püsledim ve saklamaya başladım. Bu mucizevi bir deneyimdi. Peki buradaki hatam neydi? "Senin adını bana temizlemeyi nasip et," demek. Benim adımın temizlenme kısmı için ne olması gerekiyordu? Önce kirlenmesi. Çok geçmeden iftiraya uğradım. Gençliğimin en zor dönemiydi. Acılar içinde uzun yıllar geçirdim ve ne kendimi anlatabildim ne de mutlu olabildim. Sonra her şey ortaya çıktı ve ben yine taçlandım, ama insanın ne dilediğine dikkat etmesi konusunda aldığım en ağır ders buydu. Yine de ismi yerde bulduğum ve sevinçle alıp Allah'la aşk yaşadığım günün hazzını, O'nun beni duyuyor olmasının kıymetini hiçbir şeye değişmem.

El-Vedud Mucizesi

Ailemin vaizi, astrologu ve psikologu olmaya çok erken yaşta başladım. Ablam bir gün benim bu konulara ne denli kafa yorduğumu bildiğinden beni aradı ve kocasıyla mutsuz olan bir komşusundan bahsedip yardım istedi. Kadınla konuştum ve kocasının kötülüklerine hayret içinde kaldım. Üçüncü çocuğunu dünyaya yeni getirmişti. Aslında çok güzel gözlü, güzel bir kadındı, fakat kiloları yüzünden eşinin onu devamlı aşağıladığını söyledi. Ben de ona her gün 2500 kez "Ya Vedud" zikretmesini bir hafta sonra üç bine çıkarıp en sonunda her gün en az bin kez zikretmesini, sayılara takılmadan o sayıya yaklaşmanın yeterli olduğunu söyledim. Böyle başlatmamın nedeni hamile ve süt veren bir kadının sevgi frekansına hızla girerek içinde bulunduğu durumun çabucak yumuşamasıydı. İlaç gibi düşünün. Ve tam dördüncü gün telefon geldi. Kocası o sabah buzdolabının üzerine "Dörtlük şeklinde, evimin kraliçesi, sultanım" esintileriyle bir şiir yazmış. O kişi çok şaşırmıştı, bense bildiğim, alıştığım ve mutluluğunu, şükrünü yaşamaktan vazgeçmediğim mucizelerle sevinmeye ve eminlik içinde teşekkür etmeye devam ettim.

El-Fettah Mucizesi

Üniversite birinci sınıftayken beş parasız kalmıştım. On yedi yaşımdan beri de bırakmadığım ve burada açıklamayacağım iki esmayı devamlı zikrediyordum. Ek bir şey yapmalıyım belki diye düşünüp biraz daha araştırdım ve "El-Fettah" ismini zikretmeye karar verdim. Trenle Mersin'den Adana'ya giderken zikre başladım ve sekiz yüze geldiğimde bir telefon geldi. Ablam hesabıma sekiz yüz lira yatırdığını söyledi. Benim ne durumda olduğumu bile bilmiyordu, tam sekiz yüze geldiğimde sekiz yüz lira gelmesi sizce tesadüf mü? O günden sonra her gün düzenli olmasa da her dara düştüğümde, yolda kaldığımda bu ismi zikrettim ve biliyor musunuz, her zaman istediğimi aldım.

Evliliğinde, Aşk Hayatında Derdi Olanlar

Yukarıda anlattığıma benzer bir derdiniz ya da meşru biçimde için için sevdiğiniz biri varsa, eğer o insanın özgürlüğüne saldırmıyor, saf ve meşru duygularla seviyorsanız siz de yukarıdaki gibi zikredebilirsiniz. 20.000 büyük Ya Vedud okuması, yirmi ve yirminin katları kadar artırarak da okuma yapabilirsiniz, ama önce niyet etmelisiniz: "Allahım sen sevgisin, sevilmeye en çok layık olan ve beni de sevgiyle yaratansın. Beni benim sevdiğime de sevdir. Eğer bana uygun ve birbirimize hayırlı isek bir an önce gelsin, değilsek gönlümü sevgiyle dolduracak başka bir sevgiliyi tez zamanda karşıma çıkar," deyin ve zikre başlayın, mucizeyi görün. Tabii ki inşallah.

Kendisine En Uygun Aşkı ve
Eşi Bulmak İsteyenler İçin Mucize Reçete

Yalnız ya da mutsuzsanız, doğru adamı ya da kadını bir türlü bulamıyorsanız her gün size vereceğim reçeteyi uygulayın. Banyolarınızda ve okumalar sırasında gül yağı sürünüp, gül tütsüsü yakın. En azından eliniz gülsuyu ya da yağıyla mutlaka temas etsin. Sonra sabah ya da akşam fark etmez uygun olduğunuz vakit ne vakitse, bin kere "Ya Cami, Ya Muksit", bin kere "Ya Vedud" zikredin.

Niyet: "Allahım beni bana uygun, sevgiyle beni saracak, tamamlayacak ve mutlulukla dünyamı cennete çevirecek doğru insanı tez zamanda getir. Onunla el ele ve mutlu olmayı tattır bana."

Bunu düzenli yapın. Gücünüze göre daha da fazla, iyice bu isimlerin frekansına girene kadar okuyun, tekrar edin ve mucizeleri görün inşallah. Ben dualarla, ağaçlarla ve doğaya, toprağa, insanlara hizmet ederek hayatımı dönüştürdüm. Siz de yapabilirsiniz.

Ruh Eşini, Can Yoldaşını Nasıl Çağırırsın?

Ruh Eşleri, Ruh İkizleri ve Karmik Partnerler

Bu konu çok yanlış anlaşıldı. Sanki belli ve kesin bir kaynağı varmış gibi mutlak gerçeklik ve olmazsa olmaz gibi anlatılmaya başlandı. Artık herkes benim ruh eşim neden gelmiyor diye üzülür ve bulmak için çaba sarf eder oldu. Oysa ilahi akış zaten ihtiyacınız olanı ihtiyacınız olduğu anda size getirecektir zaten. Bunun için sadece akışa ve Allah'ın doğru zamanda doğru koşulları yaratacağına güvenmeniz yeterlidir.

Ruh eşi var mıdır ve ne demektir? Evet vardır ve o öyle biridir ki anlatıldığı gibi onlarca değil eşsiz ve tektir. Sizi sizden iyi anlayan, dünyalara değişmeyen, telepatik bağınızın olduğu ve sizi kendi gibi düşünen, beraber olduğunuzda birbirinizi üzmediğiniz bir ilişki kurabildiğiniz özel bir insandır. Genellikle tam kavuşma olur ve ancak ölümle ayrılık olur. Çünkü isteseler de ruh eşleri birbirlerini sevmekten hiç vazgeçmezler, bir anlamda ölüm bile bağlarını koparmaya yetmez.

Ruh ikizi tıpatıp size benzeyen, anlaşmak konusunda zaman zaman zorlandığınız ve birbirinizi çok uzun zamandır tanıdığınızı düşünecek kadar birbirinize benzediğiniz kimselerdir, bu da tek ve özeldir. Ya hiç birleşmezsiniz ya da birleşseniz bile zorlanabilirsiniz. Ruh eşi tamamlayıcı özellikteyken ruh ikizinde aşinalık ve bazen çok benzeyen bir enerji olduğu için uyumsuzluk da baş gösterebilir. Kimileri için kendisine benzeyen kişiyle olmak kolaylıkken kimileri için zorluk olabilir. Kişinin kendiyle ne kadar barışık olduğuyla da ilgili aslında.

Karmik eş ise bunlar arasında en karmaşık olanıdır. Birçok insan karmik partnerini ruh eşi zannediyor. Ya da nefretle ayrıldığı kişinin bile bir önemi, ruhsal âlemlerden gelen bir hesaplaşması ve öğretici nitelikleri olduğunu bilmiyor. Birini çok sevebilirsiniz o da sizi seviyordur, mutlusunuzdur ama ihanet, entrikalar ve dersler varsa o kişi sizin ruh eşiniz değil karmik eşinizdir. Ruh eşi üzmez, yormaz onunla mükemmel bir uyum ve doyum vardır. Karmik partner ise sevgi ve uyum olsun olmasın derslerle gelir. Öğrenir ve öğretirsiniz. Ders ve alacak verecek hesabı bitene kadar ilişki devam eder. Karmik ilişkide bazen hastalıklar, ihanetler, iflaslar, büyük sınavlar vardır. Ya da eziyet eden bir karmik partneriniz olabilir, aranızdaki hesap çok geçmişe ta ezele dayanıyor bile olabilir. Unutmayın Kalu Bela'da ruhlar zaten yaratılmıştı ve gerçeği biliyorlardı. Ta ezelden beri tanıdığımız kimselerle bir kurgu ve sınavın içinde bu dünyaya iniyoruz. Bu nedenle isyan etmeden gelen dersleri anlamak önemli.

Kim ne yapması gerekiyorsa onu yapıyor ve söylüyor unutmayın. İsyan ederek değil akışa teslim olarak ve mevcut durumu kabullenerek devamlı sorun oluşturan kişi ve konuya şifa ve sevgi akıtarak, odaklanarak ve iyi niyetlerle dua ederek sorunlu konuyu ya da kişiyi iyileştirebiliriz. Güzel görüp güzel düşünmek kurtarıcıdır.

İsyan ettiğimiz çoğu konu ya da kişi hayat derslerimizi ve insan olma sınavımızı içinde taşır. Derse ve öğretmene isyan etmek dersi kolaylaştırmak bir yana dursun her şeyi daha da içinden çıkılmaz bir hale getirir.

Peki ne yapmalıyız? Var olan her şeyin yaratıcısı olan sonsuz kaynak, sonsuz enerji, nur ve sevgi olan Allah'tan birlikte tam ve bütün hissedeceğimiz, sözü söz, vefalı ve birbirimize güvenip birlikte hayatı göğüsleyebileceğimiz hayat arkadaşımızı, can yoldaşımızı talep edeceğiz. Ruh eşim gelsin, ruh ikizim gelsin, ikiz alevim gelsin diye niyet etmeyin! Çünkü hem verdiği haz çok değerli hem de dersleri ağır olabilir. Mesela bu hayatta kısacık buluşup birinizden birinin gitme vakti gelirse ya da sizdeki ilahi yansımalar güçlü bir enerji oluşturursa bu süreçler yıpratıcı olabilir. Lütfen niyetlerimize ve ne istediğimize dikkat edelim.

Bizi tam ve bütün olarak sevilmeye layık hissettirmekle yükümlü olan ilk kişi yine biziz, ama bir can yoldaşı, içimizi kıpır kıpır edecek gerçek ve sevgiyle dolu bir ilişki elbette şifa gibidir. Bu nedenle sizi aşk dolu, sevgi dolu, tutku dolu, güven dolu hissettirecek sağlam ve gerçek bir eşe, can yoldaşına niyet edebilirsiniz.

İyi Bir Eş Bulmak İçin...

Kendisinden hoşnut olacağınız ve sizden hoşnut olacak, dersle, acıyla değil, uyum ve tatlılık içinde size yaklaşacak bir eş istemek tüm bu gizemli partnerleri istemekten çok daha iyi ve doğrudur. Ruh eşim, ikiz alevim diye dolanmayın ortalıkta, çünkü böyle durumlarda çoğunlukla mutluluk değil trajedi ortaya çıkıyor.

Yedi gün boyunca gün doğmadan bir saat evvel kalkıp tertemiz bir bedenle ve temiz giysilerle gül tütsüsü yakarak ve el bileklerinize bir parça gül yağı sürerek art arda ve konsantre bir biçimde "Ya Vedud, Ya Cami, Ya Muksit, Ya Allah" diye art arda en az kırk dakika zikreder ve harikulade, size hayat arkadaşı olacak, tam ve bütün bir sevgiyle gelecek olan kişiyle bir an önce karşılaşıp, buluşup, kavuşmaya niyet ederseniz size uyum içinde olan o kişiyle kısa zamanda buluşmanız mümkün olabilecektir. Bunu gönül rahatlığıyla isteyin.

Niyet: "Benim cömert Yaratıcım, Allahım, beni tamam ve bütün hissettirecek, güven sadakat ve şefkat dolu, uzun ömürlü ve mutlu bir ilişki yaşayabileceğim o iyi insanla beni buluştur. Buluşmamız, ilişkimiz ve birlikte geçirdiğimiz tüm zamanlar huzur ve sevgi dolu olsun. Sevgimiz bize ve etrafımızdaki her şeye, herkese şifa olsun. Ezelde ve ebediyette birbirimizden ve aşktan hoşnut olabilelim. Şimdi, hemen, en tez zamanda o güzel sevgiliye kavuşabilmeye niyet ediyorum."

Sizler de kafanızdaki özellikleri ve niyetleri buraya ekleyebilirsiniz. Niyetinize ve iyi duanın gücüne inanmaktan sakın vazgeçmeyin. Dilerim hepiniz saygı, huzur ve sevgi dolu ilişkinize ve can yoldaşlarınıza bir an önce kavuşursunuz.

Hayat Amacının Ne Olduğunu Bilmek İstiyorsan...

Hayat amacını bulmak için astrolojiye başvurmak akıllıca ve en kestirme yoldur. Doğduğunuz döneme denk gelen tutulmalar, Ay düğümleri ve kuzey Ay düğüm burcunuz, bulunduğu ev, burç ve aldığı açılar yaşam amacınızı belirlemekte en güçlü ipuçlarını verirler. Tabii ki her zaman olduğu gibi yükselen burç, yöneticisi ve açıları ve haritadaki en kuvvetli, haritanın lordu dediğimiz göstergeler ve bazı Arap noktaları da bize yardım eder.

Biz hayat amacımızı bulursak ne olur? Oradan oraya savrulmaktan kurtuluruz. Eğitime çok önem veren biri olarak üniversite eğitimimi tamamlamak benim için hep çok önemliydi. Güzel Sanatlar fakültesini bitirdim, fakat 2005'ten itibaren astroloji eğitimleri de almaya başlamıştım. Astroloji benim tutkumdu, ama astrolog olmak konusunda kesin yargılarım vardı. "Astrolog olmayacağım, çünkü insanlar yaptığım işin inceliğini anlamaz ve bana falcı muamelesi yaparsa bununla baş edemem," diyordum. En son astroloji okuluna gitme hayalim de gerçek olunca astrolojiye olan saygım ve sevgim daha da arttı, ama hâlâ direniyordum. Başımdan dert eksik olmuyordu. En son noktada yıllarımı verdiğim ve çok sevdiğim insanla trajik biçimde ayrılınca daha beter dibe vurdum. Tutunacak hiçbir şeyim yoktu. İşte o sırada astrolojiye tutundum. Dedim ki danışmanlık yapmam, ama bildiğim her şeyi insanlara anlatırım. Ve yazmaya başladığım günden itibaren hayatım düzelmeye başladı. Astrolog ve danışman olmaya çok zor gönüllü oldum, ama şimdi görüyorum ki bu benim hayat amacımmış ve ben bu amaca bağlandıktan sonra adeta bir koruma çemberinin içine alınmışım.

Birçok insanın daha küçükken yönü, yolu bellidir. Özellikle kuvvetli bir amaca sahip kimseler daha küçücükken kendilerini ve seçilmiş olduklarını belli ederler. Peki hayat amacımızı bulmak neden önemli? Çünkü yaşama neden geldiğinizi fark edip o yola girdiğinizde, adeta özel bir koruma çemberine giriyorsunuz. Oradan oraya sizinle ilgisi olmayan kimselerin elinde savrulmaktan kurtuluyorsunuz.

Hangi İstikamete Gitmesi Gerektiğini Bilemeyen ve Hayat Amacını Bulmak İsteyen Biri Ne Yapmalı?

Yirmi bir gün hayvan ve hayvandan çıkan hiçbir şeyi yemeyin. Ardından gün ağırmadan uyanıp gün doğana kadar, 170 kez "Ya Kuddus", 1000 kez "Ya Reşid", 1000 kez "Ya Hadi" ve gün doğduktan sonra da bir kısmını mümkünse Güneş'e bakarak 1000 kere de "Ya Zül Celali Vel İkram" isimlerini zikredin.

Niyet: "Allahım bana maddi ve manevi zenginlik getirecek, beni doğru istikamete koyacak, ruhumu huzura, bedenimi sıhhate kavuşturacak yaşam amacımı keşfetmeye niyet ettim. Yolumun keşfini ve yolumda yürüyüşümü kolaylaştır."

Sayılar "Ya Kuddus" hariç bin diye ifade edilmiş. Burada binden kasıt o isimle bütünleşmemize yetecek kadar zikretmemiz. "Ya Kuddus"ün ebced değeri verilmiş çünkü fazlası birtakım sakıncalar doğurabilir. 3-5-7-11-21-40-41-100-1000 gibi rakamlar genelde virt, tekrar ve terkiplerde sık kullanılır. Her zikir ya da dua için tatmin olunacak ölçüde seçilmiştir. Aksi halde illa ki şu sayı olacak demek ya da bu konuda katı davranmak vesveseye neden olur, vesvese karışan işin verimi düşeceğinden iyi bir şeye vesile olmak bir yana dursun negatif bir tesire de neden olabilir.

Kabul Edemediğiniz Davranışları Olan Ama Birlikte Yaşamaya Mecbur Olduğunuz İnsanlarla İlgili Neler Yapabilirsiniz?

Eğer değiştiremediğiniz insanlarla yaşamak zorundaysanız şikâyet etmeyi bırakın ve onları olduğu gibi kabul edin. Değiştirebilme şansınız varsa doğru bir plan yaparak değiştirmeye gönüllü olun ve cesaret edin. Peki bu konuda enerjiler işe yarar mı? Elbette! Şimdi size deneyip etkisini defalarca şaşırarak olumlu aldığım bir yöntem anlatacağım:

Eğer bu kişi eşiniz ya da çocuğunuzsa:

Onunla yatağa birlikte uzanın ya da tam uyuma moduna geçtiğini gördüğünüz anda yavaşça yanına uzanın ve onun vücudunun o anki pozisyonunu taklit edin, siz de onun gibi uzanın. Nefes alışverişlerinizi onunkiyle denk getirmeye çalışın. Bunu iki dakika kadar yaptıktan sonra gözleriniz kapalı biçimde elinizi kalbinize koyun ve kalbinizden pembe renkli parlak bir ışığın çıkıp eşinizin kalbinden içeri girdiğini hayal edin.

İlla ki ışığı tam görmeniz gerekmez, pembe rengi düşünebilmeniz bile yeterli. Sonra o kişinin ismini art arda içinizden üç kez tekrar edin ve şunları söyleyin: "Eşim ya da çocuğum....'nın yüksek benliği, seni hemen ortamıza davet ediyorum, benimle uyumlu olmana ve kabul edemeyeceğim davranışlarına neden olan tüm sorunları çözmek niyetindeyim, lütfen güçlü ilahi tarafınla beni anla ve sorunları sevgiyi rehber edinerek çözmeye başla."

Bunu uzun bulanlar "Eşim ya da çocuğum ....'nın yüksek benliği aramızdaki anlaşmazlıkları sevgiyle çöz," deyiversin. Sonra eşinizle zihninizden konuşmaya başlayın. Uyanıkken ona söylemek istediğiniz ya da söyleyip başarılı olmadığınız ne varsa tatlı tatlı ve olumsuz hiçbir kelime kullanmadan söyleyin. Pembe ışığın ikinizin kalbinden birbirine sonsuza kadar sevgiyle girmesini niyet ederek uyuyun.

Bunu pes etmeden en az kırk gün uyguladığınızda mucizevi sonuçlar göreceksiniz hatta o kadar beklemenize bile gerek kalmayacak.

Eğer bu kişi birlikte uyuduğunuz biri değil, ama uzlaşmak zorunda hissedip uzlaşamadığınız biriyse:

Kimi zaman patronumuz, kimi zaman arkadaşlarımız, kimi zaman ailemizden birileri, kimi zaman sevgilimiz bizi anlamaz. Onları hayatımızdan çıkarmak ya zor gelir ya da bir sebepten çıkaramıyoruzdur, ama birlikte olmamızı da zorlaştıran önemli sorunlar vardır. İşte bu sorunları kabul edemediğimiz ama değiştirmeyi de beceremediğimiz zamanlarda uygulayabileceğimiz çok güzel bir uygulama anlatacağım. Denenmiş ve harika sonuçlar veren bu uygulamayı pes etmeden kırk gün uygulamaya niyet edin, zaten neticede olumlu sonuçlar doğurduğunu bu sürede net bir biçimde göreceksiniz.

Malzemeler: Gül, vanilya ve kakao yağı. Pembe mum, pembe kurdele, pembe kuvars taşı.

Uygulama: Öncelikle uygulamayı her gün aynı saatte yapmaya özen göstermeli ve uygulama sırasında pijama terlik modunda olmamalısınız. Kendinizi şık hissettiğiniz, ama rahat temiz kıyafetler giyin. İsterseniz abdest alabilir ya da inancınıza göre elinizi yüzünüzü güzelce yıkayabilirsiniz. Bu çalışma için kendinize bir dua-dilek-niyet ve ibadet köşesi oluşturun.

Meditasyon vaziyetinde bağdaş kurup oturun önce nefesinizi düzenleyin, sonra yukarıda saydığım tüm yağları karıştırıp pembe kuvarsı yağın içine batırın. Ardından pembe kurdelenizi pembe mumunuza ikinizin isimlerini ekleyerek, " Ben ve ...

sevgi bağıyla birbirimize bağlıyız şükürler olsun," deyin. Sonra mumunuzu yakın, taşınızı yağıyla birlikte elinize alın ve yirmi dakika kadar meditasyon yapın. Meditasyon bitmeden sanki o kişi, kardeşiniz, anneniz, çocuğunuz, sevgiliniz fark etmez, sanki karşınızdaymış gibi, onu sevdiğinizi ve değiştirmesini istediğiniz davranışları güzelce dile getirin. Her gün yirmi, yirmi beş dakika aynı yerde aynı saatte bunları yapmaya devam edin ve mucizeyi görün.

Dikkat:

Size gönüllü olmayan, ailesi yuvası olan insanlar için böyle çalışmalar yapıp enerji alanlarına girerseniz, zararı yine size dönecek olan karmalar oluşturur ve yine sonuçta siz pişman olursunuz. Bunu özellikle belirtmek isterim. Sadece iyiliğini istediğiniz, sevgi dairenizde olan ya da mecburen iyi geçinmek zorunda olduğunuz, aranızı iyi tutmak istediğiniz ve bunu ikinizin de en yüksek hayrına olduğunu bildiğiniz kimseler için yapabilirsiniz.

Bu sadece mesajı sevgi diliyle söylemek istediklerinizi, karşı tarafa farklı bir iletişim yöntemi olan "telepati" yöntemini biraz daha süslü ve kuvvetli hale getirerek yollamaktır. Karşı taraf üzerinde kuvvetli sevginiz, hakkınız, bağınız ya da ona muhtaçlık durumunuz varsa hızla etki edecektir. Hakkınız olmayan biriyse de hisseder, etkili olur, ama sonuçlar tam istediğiniz gibi ilerlemeyebilir. Dikkat ediniz.

Galibiyet ve Renkli Bir Parlayış İstiyorsan

Şu taşa saplanan kılıç hikâyesini bilirsiniz. Kılıcı kayadan çıkaran hükümranlığı alır. Onu kayadan Arthur çıkardı, peki Ekskalibur isimli bu kılıcı kayadan çıkaran neydi? Arthur'un bilek gücü mü? Merlin'in büyüsü mü? Hikâyede taşa saplanan kılıcı çıkaran kral oluyordu ve bunu pes etmeden yılmadan, usanmadan küçük yaşlarından beri isteyen Arthur başardı. Merlin sihirleriyle ona yardım etti, Arthur devamlı savaş talim etti, ama bunlardan hiçbiri değildi kılıcı çıkaran: Arthur'un çocuk yaşından itibaren kurduğu hayalden vazgeçmemesiydi.

Evet hayat pes etmeyenlerindir ve Allah da ne istediğini bilen, dünyevi meselelere sabredip engelleri aşmayı, hedefe ulaşma yolunda bir borç ve bedel bilen istikrarlı kimseleri sever. Dengemizi şaşırtacak bir sürü haksızlık ve acı olacak, ama biz bu yolda istikrarla yürürken hikâyenin bir de sonu olduğunu ve zaferin ancak pes etmeyenlere geldiğini iyice bileceğiz.

Arthur'un hikâyesinin sonuna gelince, Merlin ona şöyle söylemektedir: "Kılıcı aldınız. Şimdi onu adaleti uygulamak için kullanın. Zorunda kalmadığınız zamana değin onu bırakmayınız."

Adaletten şaşmayın ve çok mecbur kalmadıkça hedefinize ara vermeyin, bırakmayın!

Ara vermeyin diyorum, çünkü bazen hedefe giden yolda bırakmış gibi görünmek zorunda kalırız, oysa bu sadece güç toplamak içindir. Peki hedefi belirledin, yolu çizdin, istiyorsun! İstediğin şey bir başkasının özgür iradesini etkilemeyen ya da bir başkasının zararını gütmeyen, sadece seni daha çok büyütecek bir şeyse işte sana tüm kapıların anahtarı olacak isimleri göstermeye vesile oluyorum.

El-Azim: *Büyüklüğü ölçüsüz, hudutsuz, emsalsiz olan, kendisinden başkasının idrakine ihtimal olmayan Azim.*

Gölgesiz sayılabilecek bir isim. Yani kendinizi çok zorlayan bir yapınız varsa, bu yapınızı daha da zorlayıcı hale getirebilir, ama eğer gayret etmek noktasında zayıf düşüyorsanız muhakkak zikretmelisiniz. Eskiler "1020" defa zikredilmesini tavsiye etmişler, ama hep söylediğim gibi siz kalbiniz tatmin olana kadar ve konsantre olmuş biçimde zikredin. Sayıya bağlı kalmaya gayret ederken az zikrettim, çok zikrettim diyerek isimle bütünleşme noktasında zayıf düşersiniz. Bu ismi zikrederseniz bulunduğunuz mevki ve mertebe yükselmeye başlar. Eğer daha kesin bir zafer istiyorsanız gümüş ya da altın bir levha üzerine bu ismi yazdırıp boynunuzda taşıyın. Bununla birlikte zikrine de devam edin iş başarınızın arttığını ve bulunduğunuz pozisyonda yükselişe geçtiğinizi göreceksiniz.

Ek-Mukaddim: *İstediğini ileri geçiren, öne alan.*

Eskiler 184 kez zikredilmesini tavsiye etmişler, fakat hep söylediğim gibi konsantre olarak, iyice ismin anlamıyla ve isteklerinizle bütünleşerek zikretmeniz önemli. Birinin gelmesini istiyorsan, bir kaybın varsa ya da eşin artık seni istemiyorsa, yine bu ismi zikrederek yardım isteyebilirsin. Dünya meşakkatini gideren bir isimdir.

El-Kadir: *Her istediğini istediği gibi sonsuz bir güç ve kudretle yapan.*

Eğer bu ismi bir gümüş-altın levha üzerine nakşedip her gün 305 ya da 1525 kez (sayıya takılmayın konsantre olup bütünleşmek önemli) kez zikrederseniz ve hedeflediğiniz, istediğiniz şey için dua ederseniz, mutlaka isteğinize kavuşursunuz. Her giriştiğiniz işte başarılı olursunuz. Gücünüzün yetmediği, elinizin ermediği her konuda bu ismi zikrederek ve odaklanarak yardım isteyin.

El-Muktedir: *Kuvvet ve kudret sahipleri üzerinde dilediği gibi tasarruf eden, mevcudu kuvvet ve kudreti altında mahkum tutan.*

Burada bir detay var, bu isim bir konuda iktidara kavuşmak isteyenlerin zikredebileceği bir isim, fakat herkese kolay zikrettirmeyebilir kendisini. Bir süre zikrettikten sonra eğer sıkıntı hissettiriyorsa ara vermek ya da sayıyı azaltmak yerinde olacaktır. Eskiler 744 kez zikredilmesini tavsiye etmişler. Bu ismi bir yüzüğe nakşettirip okumanız sırasında yüzüğü parmağınıza takar ve okuma bittikten sonra yüzüğü başucunuzda yeşil bir kese içinde saklarsanız ve sizden başkasının dokunmasına izin vermezseniz, az zamanda bile güçlü, kuvvetli, mevkisi makamı yüksek kimselerin yanında muteber olduğunuzu göreceksiniz.

El-Vali: *Bütün varlığını ve sonsuz mülkünü, her an olup biten hadisatı, tek başına tedbir ve idare eden.*

Bir yerde yönetici olma, yönetme hedefiniz varsa mutlaka hedefinize ulaşana kadar bu ismi zikretmeye devam etmelisiniz. Zaten göreviniz yönetmekse bu ismi hiç bırakmayın, sözü geçen ve yönetiminin hakkını veren biri olmanıza yardımcıdır. Eğer dolunay vakti bu ismi bir yüzüğe ya da bir kolyeye kazıtıp, üstünüzde taşır ve tavsiye edilen 2209 adet ile zikrederseniz hem makamınız yükselecek hem de arzularınızda zafer sahibi olabileceksiniz demektir.

El-Müteali: *Yaratılmışların, kendisi hakkında akıllarının mümkün gördüğü her şeyden, hal ve tavırdan çok üstün ve her eksiklikten uzak olan zat.*

Bu isim de Ya Vali ismi gibi makam, mevki, devlet işleriyle ilgili sorunlar, mertebe elde etmek ve belirlenen hedefte ilerlemek için zikredilebilir. Bir müracaatınız olduğu vakit 551 ya da gücünüz yeterse 1102 kere zikredip giderseniz başarı elde ettiğinizi göreceksiniz.

Frekansını Yükseltecek Günlük
Bir Çalışma Önerisi

"Ben bana özelim! Her şeyimle ben Mine'yim. Ben bana özgüyüm bu benim serüvenim, bu masalın kahramanı benim! Kendimi seviyorum, kendimi affediyorum, beni gerileten ne varsa geride bırakıyorum. Yeşilin şifasına, morun kudret ve bilgeliğine, mavinin huzur ve enginliğine, pembenin saf sevgi ve mutluluğuna, kırmızının tutkusu, iddiası ve çekiciliğine, beyazın nötrlüğü, dengesi ve saflığına, sarının neşe ve enerjisine, turuncunun hareket, aktivasyon ve canlılığına talibim. Ben Mine'yim burada her an faal olan Yaradan'la bir olup akmaya geldim. Ne kokuşmuş geçmiş ne de sahip olmadığım gelecekle ilgileniyorum. Anda Rabbimle akmaya niyet ediyorum. Frekansı düşük, enerji çalıcı olumsuz enerji ve kişiler daha bana yaklaşmadan yanıp kül oluyor. Bana ulaşan sadece sevgi, samimiyet ve kendiyle barışık huzurlu enerjiler.

Ben benim! Ben Mine'yim eğer beni devamlı birilerine benzetmeye çalışıyorsan, hemen şimdi dünyamdan çıkmalısın, çünkü benim kendime özgü halimi bozmaya çalışmana iznim yok. Ben Mine›yim ben yüksek şifayım ben yeşilim, yeşildenim... Sonsuz hamd olsun."

Sizi hapsetmeye çalışan tüm enerjilerden özgürleşmek için ismimi koyduğum yerlere kendi isminizi koyun ve sonuna aşk için kırmızı, yüksek şifa için yeşil, mutluluk için pembe ya da mavi, huzur için mavi, nötrleşmek ve arınmak için beyaz, kudret ve bilgelik için mor, bereket için yeşil ve mor, hız ve hareket için turuncu ve sarı renklerini kullanın. "Ben .... (isim gelmeli) ben pembeyim ve pembedenim. Ben mutluluk ve neşeyim," diyebilirsiniz.

Renklerin enerjileri şifa içerir. Kendinizi renkli bir yaşamdan mahrum etmeyin. Bu yazıyı her gün sabah uyandığınızda ihtiyacınız olan rengin enerjisiyle bütünleşmeyi seçerek okuyun ve destekleyici esmalar ve zikirlerle de hem frekansınızı yükseltin hem de günün rengini olumlu yönde değiştirin.

Neye ihtiyacın varsa önce sen ona dönüşmelisin unutma!

Sağlık için sağlığa, aşk için aşka dönüşmelisin.

Telepati ve Ulaşamadığımız Biriyle Uzaktan Zihin Gücüyle Güçlü Bağlar Kurmak İçin Çalışmalar

Seni anlamıyor! Ne yaptınsa ne konuştunsa olmadı. Tabiri caizse sevdin olmadı, sövdün olmadı. O zaman maddeden manaya gidemiyorsun demektir. Boşuna yorulma. Manaya ulaşmaya çalış. Ona söyleyip izah edemediklerini onun ruhuna söyle. Meditasyon halinde onun ruhuyla bağlantıya geçmek üzere talepte bulun. Ve ikinizi karşı karşıya imgele. Ona söylemek istediklerini ve neden zorlandığını anlat. Sadece sevgilin değil, annen, baban, kardeşin, çocuğun, öğretmenin, kısaca hiçbir şekilde ulaşamadığın ve kısır döngü içine girdiğin tüm ilişkilerin için bunu yapabilirsin.

Kızmak, restleşmek, küsmek, mahrum bırakmak çoğu zaman çözüm olmuyor ya da geçici çözüm oluyor. Biz neden değerliyiz? Çünkü içimizde Yaradan var. Bize ruhundan cömertçe veren ve bizi kendi suretinde yaratan!

Bir insan madde âleminde kötü işlerle meşgul olabilir, fakat ruhu yani özü asla kötü olmaz. Ruh Allah'ın varlığındandır ve O'nun denetimindedir. Sık sık kullandığımız "ruh hastası" yakıştırması da bu sebepten oldukça yanlış bir benzetme. Çünkü ruhlar tıpkı geldiği "öz" gibi sağlıklı ve nurludur. Eğer sorunu ucunda, kenarında kişilerle çözemiyorsan kaynağa git! Sonsuz kaynak senin talebini kabul edecek ve istemediğin, huzursuzluk veren her konu ya da kişi şaşılacak biçimde iyileşme gösterecek. İnsanların ruhlarıyla onlar ölmeden önce irtibat kurun. Hâlâ bedeninde ikamet eden ruha sunular yapıp, dualar edebilir hatta kendi dininizce Fatiha Suresi bile hediye edebilirsiniz. Ya da Budistseniz onun ruhuna sunular yapın, tütsüler yakın, onun ruhuna sevgi ve güzel sözler gönderin. Dıştan içe ses zor gidiyorsa, içten dışa adam olacak demek ki! Ona duyuramadıklarınızı içindeki kaynağa duyurun.

Bunların hepsi sahici ve mucizevi çalışmalar. Yaşayan ve sizi anlamayan insanların ruhlarıyla kontak kurmaya bakın. Bağırıp çağırmak faydasız. Sadece kendini üzüyor insan ve biraz daha sabrından gidiyor her geçen gün. Bütün bunları yaparken güzel kokular ve tütsüler eşliğinde bolca "Ya Kuddus, Subbuhun Kuddusun Rabbuna ve Rabbul Melaiketi ver ruh" diye devamlı tekrar ederek meditasyonunuza başlayabilirsiniz. Bunu yapmadan en az bir gün önce onun adına iyilikler yapın, birini sevindirin ya da bir hayvanı doyurun, ağaç dikin. İletişim kurmanın tek yolu konuşmak değil! İlk koşul düşünmek, düşünmeden iletişim kurmak mümkün olmaz. Her şey düşüncede başlar. Bir şeyi var etmeden önce onu düşüncede var edersiniz.

Telepati üstün vasıfları olan yaratıkların iletişim biçimidir. Bunu burada izah etmem çok zor ama kısaca özetleyecek olursam, öldükten sonra devam ettiğimiz boyutlarda konuşma tamamen düşünce gücüyledir. Telepati yapma becerisine esasen hepimiz sahibiz. Dünyaya ilk geldiğimiz zamanlar geldiğimiz boyutla bağlantımız henüz kopmadığı için çokça uyur ve dünya ile berzah arasında uyum sağlamaya çalışırız. Bebekler bu yüzden çok uyur ve bir bebek insanlara tam karışana kadar tertemiz, safiyane ve meleksidir. Nefesini karnından alır, doyunca fazlasını istemez, tırnakları dümdüz ve kendiliğinden dökülür, oturma zamanı geldiğinde dimdik oturur. O üst boyutlardan bilerek ve gereken usulü uygulamaya muktedir olarak gelmiştir. Sonra insan unutur, özünden uzaklaşır ve ilahi boyutla olan alışverişi azalır. Öyle güzel kokmamaya, kambur durmaya, yarım yamalak nefes almaya başlar. Kendisine lazım olan öz hakikati unutur.

Telepati yapmak istiyorsanız, öncelikle bir bebek gibi tertemiz olun ve ağır olmayan, hafif ve mümkünse alkolsüz kokular sürünün, telepatiye başlamadan önce kısa bir meditasyon ve derin derin aralıklı ve karnınızı şişirerek nefesler alın. İlk etapta ruh bağınız olan, anne, kardeş, yakın dostlarla bağlantı kurmayı deneyin. Size uzak olan ruhlara ulaşmanız ilk etapta çok zor olacaktır ve motivasyonunuz kırılacaktır.

Tüm bunlardan sonra üçüncü göz, yani iki kaşımızın tam ortasının yarım parmak ucu kadar yukarısı! Bu bölgeye odaklanın, gözlerinizi kapatın ve bağlantı kurmak istediğiniz kişinin yüzünü gözünüzün önüne getirin, onun da üçüncü gözüne odaklanın. Ona sevgi iletmek istiyorsanız pembe, güç vermek istiyorsanız altın sarısı ya da gün ışığı, aşk iletmek istiyorsanız gül kurusu ya da kırmızı, huzur iletmek istiyorsanız mavi, sağlıklı olmasına katkı sağlamak istiyorsanız yeşil ışık imgeleyerek sizin üçüncü gözünüzden onun üçüncü gözüne bu ışığın güçlü bir biçimde yayıldığını imgeleyin. Bunu yaptıktan sonra ışık eşliğinde içinizden ona anlaşılır net ve kısa kelimler söyleyin ve onun da size balık başıyla onayladığını imgeleyin.

Bu çalışmalara her gece düzenli devam ettiğinizde çok kesin sonuçlar aldığınızı hayretle göreceksiniz. Yine bazı ek terkip, zikir ve tekrarlar da ekleyebilirsiniz. Bunu meditasyondan, telepati çalışmasından sonra mutlaka uygulayın.

Niyet: "Ey gaybları bilen, ey günahları bağışlayan, ey ayıpları örten, ey sıkıntıları kaldıran, ey kalpleri değiştiren, ey kalpleri süsleyen, ey kalpleri nurlandıran, ey kalplerin tabibi, ey kalplerin sevgilisi, ey kalplerin dostu, ey Vedud."

Bu isimler Cevşen'den ve Vedud de esmayıhüsnadan. Hepsi bir araya gelip tercihen Vedud isminin ebced değerinin çarpımı olan 20×20 =400 kez devam edin. Mucizevi bir tesiri ortaya çıkacaktır.

Sadece aşk için değil yitirilen bir evcil hayvan, sevgili, eş, evlat, iş, neyi istiyor ve yitirmiş hissediyorsanız onun için bu uygulamayı yapabilirsiniz.

Yepyeni Bir Sayfa Açmak, Arınmak ve Yeni Mutlu İhtimalleri Hayatına Çekmek İçin

Yıllar boyu arabesk ya da popüler müzik adı altında kalbimizin bir tarafına fena halde dokunan, aslında tüm yaşanmışlıkların üstüne bir de yangına körükle gider gibi içimizi dağlayan şarkılar vardır. NLP dersleri aldığım yıllarda hocam arabesk ve yoğun duygusallık içeren tüm şarkılar hakkında "aman dinlemeyin, bırakın hepsini," diye ikaz etmişti. Ama slow şarkılar olmadan tadı olmaz ki ne aşkın ne de hayatın, diye itiraz etmiştim. Tüm muhteşemliğiyle hep dram değil miydi sanatı ve hayatı besleyen? Sonra tüm bu sanatçıların hayatındaki dram, acı ve kayıpları bir bir hatırlattı bana! Kimi iki büyük aşkını birden farklı zamanlarda ölümle kaybetmişti, kimisi uyuşturucu bağımlısıydı, eşlerine şiddet uygulayanlar, arkalarında trajediyle dolu çocuklar, adamlar ya da kadınlar bırakanlar... Hepsi de doğruydu! Hocamız bu insanların hayatlarındaki aşka ve yaşama dair dramlardan, bu melankoliyi sevme ve aşk acısını da diğer dramları da hayatlarına bilerek ya da bilmeyerek çekme ihtimallerinden bahsetmişti!

Bütün bunlar üzerine çok düşündüm...

Bazen hepimiz *dramaking* ya da *dramaqueen* olabiliyoruz. Neden onca güzel ihtimal arasında hep en kötüyü, bizi üzecek olanı hatta bize uygun olmayanı seçiyoruz?

Çünkü bize gelme ihtimali en düşük olan geldiği zaman, bizim için fedakârlıklar yapmış, belki alışkanlıklarından, hatta ailesinden bile vazgeçmiş olacak ve işte biz o zaman uğruna kaleler zapt edilmiş prenses ya da prens edasında değerli kendimizi hissedeceğiz... Oysa değerimizi fark etmek için kalbimizi türlü savaşların içine atmaya gerek yok!

Adam robot gibi, hissiz, duygusuz, materyalist, işkolik vs. İşte gidip onu seçiyoruz! Neden? Çünkü özünü inkâr edecek kadar bize bağlı olsun, bizi sevsin istiyoruz. Kendimizi değiştirebilirsek o zor adamı ele geçirebilir, kalbini fethedebilirsek değerli olacağız zannediyoruz. Peki bir yerlerde doğru düzgün insan evladı birileri varken bu kadar kalbini kırdırmaya değer mi?

Mesela adamın ya da kadının ailesi tarafından sevilmeyen birileri olarak, onun kendi ailesini bırakıp gelmesini bekleyebiliyoruz! O zaman bizi sevdiğine inanıyoruz. Oysa bir insanı büyük zorluklarla test etmek, onun da psikolojisini bozacaktır. Bu şekilde bir araya gelsek bile mutlu olamayacağız.

Neden hep büyük savaşlar uğruna sevilmek değerli hissettiriyor? Hayat ve aşk çok daha basittir oysa. Bunları düşünün. Seni zaten kolayca sevip yormayacak ihtimaller varken neden en delisini, en zorunu, en imkânsızı seçiyorsun?

İçindeki melankolik dramacıyla yüzleş. Kendi değerini büyük bir savaşın sonundaki zaferle bağdaştırmadığın gün özgürleşeceksin.

Şimdi başla ve bu melankoliden kurtul

184 kere El-Mukaddim,

319 kere Eş-Şehid,

812 kere El-Habir,

180 kere Es-Semi,

148 kere El-Muhsi.

Buna en az yirmi bir gün ya da dilersen daha fazla devam et. Bu çalışmayı yaptığın günlerde olumsuz düşünmemeye çalış. Unutma, zihninde ve hayatında yeni ve temiz bir sayfa açıyorsun.

Dünyanın Virüs ve Korkunç
Acılardan Arınması Bize Bağlı

Doğa bunca ihaneti affetmiyor artık. Dünya bunca acıyı ve zulmü taşıyamıyor, atıp düşürmek istiyor üzerinden sadece tüketmeye programlanmış bu şımarık topluluğu. Böyle giderse büyük depremler, salgın hastalıklar gün geçtikçe daha da önü alınamaz bir hal alacak.

Unutma insan! Toprağın, taşların ve ağaçların da ruhu var. Yaradan'a milyonlarca yıldır seni şikâyet ediyorlar. Harekete geç ve bir adım at! Dinle şimdi, ağaçtan dinle kendi şarkısını ve kulak ver onun buğulu kırgın sesine.

Ağacın ve toprağın ruhuna ithafen,

Yağmur damla damla doyuruyorken beni, toprak anne kucağını açmışken köklerime, söküp almak istiyorsun ya beni vatanımdan, kırıp döküyorsun ya dallarımı insafsızca, boynum kıldan ince ya önünde, bilmediğim bir sebepten saygı duymalıyım ya sana, nedenini soramadan çoğu zaman itaat etmeliyim ya huzurunda, bazı bazı rüzgâr değdikçe yüreğime dallarım hışırdamasa sessizim ya ezelden beri, sen dallarımı budarken dur diyemem ya sana...

Sonunda kesip koparırsın beni evimden, yollarıma taşlar döşer, çimentolar döker, setler çakarsın işte o vakit tüm yaradılışım ve içimdeki ilahi kıvılcım hareketlenir. Bana on sekiz bin âlemin Yaratıcısı "ol" demişti, bilirim ve itaat ederim, sana da "ol" demişti de zalim olmayı seçmiştin hatırla. İşte o vakit ben yeniden yeniden olurum, planımdaki ağaç kök salar dört bir yandan betonlara ve yarıp geçer en sert kayaları ve kestiğin yerden yeniden doğarım.

İster cebbariyetle gel ister gönlünle gel demiş ya dağlara, ben de söylendiği vakit itaat ederim bana ol diyerek emrolunana. Sen yine budayacaksın dallarımı, inciteceksin köklerimi, zehirler ekeceksin toprağıma ben ol emriyle panzehirler bitireceğim yaprağımdan. İnsan unutacak da neyle emrolunduğunu ağaçlar hep hatırlayacak hiçbir zorlukta pes etmeyen yeniden yeniden doğanlar aşkına! Dünya tehlikelerle dolu öyle değil mi? Çünkü burası mutlak mekân değil. Çünkü burası hesapların görüldüğü, testlerin yapıldığı Mavi Gezegen... Her şeyden bolca var ama kimse paylaşamıyor, hırs, hile ve desiseleri ölmeden ölüveriyor insancıklar... Bir yanlış iş esnasında ya da hayır işlerken geliyor ölüm. Nefes sayısı belli! Bir tane daha vermiyor. Satürn de diyor ki: "Esas görevini unutma, doğruluktan ayrılma, ölüm sana en iyi hatırlatıcı, unutma! Zamanını doğru kullan, temelini sağlam kaz, kocanı, karını doğru seç, hile yapma! Yalan konuşma, amacından şaşma, doğru ol, sağlam ol, dik dur! Zayıf olursan kırılacaksın, kırılmaktan vazgeçene kadar, iyice sağlamlaşana kadar kıracağım seni, anlarsan eğer beni ve dersimi, eskisinden daha sağlam olacaksın. Aldatma, ihanet etme, ihanetin bedeli olduğunu unutma! Eğer unutursan yıllarca sürecek bir azapla hatırlatmaktan çekinmem. Ben öğretmenim, görevim bu, ben görevliyim. Yaradan'ın kusursuz düzenine hizmet ediyorum ve eğer anlayabilirsen sana da! Oyalanma, tembel ve nefs düşkünü olma, fazla ve gereksiz olanı tutma, israf etme, sabret! Sabır sana bütün ödülleri getirecek ve sen sabretmedikçe ben bir tokat daha atacağım sana... Hepsi uyanman için. İncittiğin yerden de inciteceğim ceza seni doğrultsun diye, bilmediğin yerden de soracağım, hayat serüveninde daha bilge ol diye... Kaybettiğini sandığın her şeyin aslında sana ait olmadığını ve bu dünyaya kimsenin bir şeyi olmak, anası, babası, çocuğu, kocası olmak için değil kendini gerçekleştirmek için geldiğini hatırla diye vuracağım sana! Birilerinin bir şeyi olsan bile, kimseye ait olmadığını ve kimsenin de sana ait olmayacağını hatırla diye gerekirse bir kaç kez daha vuracağım. *Sen mesajı görmeyecek ve kendini talihsiz sayacaksın. Kısacık ömrüne kıyasla ruhun sonsuzluğunu umursamadan isyan edeceksin ve sabretmeyeceksin. Olmadık zamanlarda, olmadık her şeyi isteyeceksin de isteyeceksin. Ben de sana vurmaktan hiç vazgeçmeyeceğim. Ey insan, bilebilirsen eğer, bu senin iyiliğin için! Sen daha güzel ve daha gerçek ol diye... Ama sen bilmeyeceksin ve hikâyemiz böyle sürüp gidecek. Ta ki, herkes layığını ve benliğini bulana kadar...*

İşte hayat!"

Bu yüzden diyorum hep ağaç dik ve kuşlara buğday serp. Duanı, sevgini, affediciliğini aile büyüklerinden ve atalarından esirgeme. Bugün kuşaklar boyu ailene atalarına sana gen aktarımı yapan tüm dede ve ninelerine dua et. Onlar için bir helva kavur dağıt ya da minik de olsa sadaka ver, köklerine sevgini ve en derin saygını gönder.

Bunun nelere şifa olduğunu bilsen tüm işini bırakır, geçmişte kalan, unutulup gitmiş ataların için hayır işlerine adardın kendini. Bir ağaç dik mesela adını hatırlayamadığın bilmediğin atalarının dahi ruhuna hediye et, kuşlara buğday ver. Evine balık, kuş desenli bir objeler al, daha sık yıkan ve suyun şifası için tüm kalbinle teşekkür et. Suya yere ve göğe bak arınmaya niyet et. Affet. Bugün hep Ya Afüv de. Ataların senin köklerin ve köklerin hem en yumuşak karnın, hem en sağlam olması gereken alanındır.

Dördüncü ev yani baban ve ataların ne kadar sağlamsa o kadar omurgalısın bu hayatta. Eğer sana babanın atanın çürüğü denk geldiyse bu sınavı senin ruhun çok yüksek makamlarda seçti bunu bil. İstesen de insan bedeninin içindeyken yiyip içerken bu anlaşmayı hatırlamayacaksın. O zaman geçmişe bir sünger çek ve kendin için bugün affet. Göreceksin ki hayatın sen affettikçe günlük güneşlik olacak. Baban da, atan da, anan da oyun arkadaşındı aslında ve eğer o mızıkçılık yaptıysa sen ona uyma. Asil bir biçimde oyunu tamamla ve ödülünü al. Bu sözüme kulak verenler bugün kurtuldu. Evvelallah oldu. Sonsuz şükürle ve teşekkürle...

Tüm bunları hayata geçirir ve şimdi hediye edeceğim terkibi de yirmi bir gün aralıksız uygularsan mucizeleri bir bir kucaklayacağından da emin ol:

Önce niyetinizi, dileğinizi söyleyip başlayın. Bu terkibi uygulamak isteyenlerin katiyen çalışma esnasında negatif düşünmemesi gerekiyor. Eğer negatif ve huzursuz biriyseniz, ilk önce kötüyü düşünüyorsanız, okurken iyi ruh halinizi koruyamayacaksanız lütfen yapmayın. Bu kuralı koyan da ben değilim, uygulamanın özelliği ve koşulu bu. Dileğimiz her neyse yirmi bir gün boyunca niyet ederek, yirmi bir gün boyunca yirmi bir kere "Ya Mukit, Ya Alim, Ya Rab, Ya Şehid, Ya Hasib, Ya Feal, Ya Hallak, Ya Halik, Ya Bari', Ya Musavvir" esmalarını en iyicil duygular ve umutla zikrediyoruz.

Yirmi bir gün bırakmak yok.

DÖRDÜNCÜ BÖLÜM

Esmayıhüsna ve Astroloji

Esmayıhüsna ve Astroloji İlişkisi, Dört Element ve Seçilmiş 99 İsim

Her burcun kendine has elementi ve özellikleri vardır. Koç-Aslan-Yay "ateş" elementinden, Boğa-Oğlak-Başak "toprak" elementinden, Kova-İkizler-Terazi "hava" elementinden ve Balık-Yengeç-Akrep burçları da "su" elementindendir.

Dört anasır ve dört halife kavramlarından bahsetmek isterim. Hz. Ebubekir zenginlik ve malla müjdelenen varlıklı, sağlam tabiatıyla toprak elementini; Hz. Ömer çevik ve hiddetli, ateşli ama son derece mert tabiatıyla ateş elementini; Hz. Ali zekâsı ve ilim sahibi oluşuyla hava elementini; Hz. Osman ise haya, edep ve yumuşaklığıyla, hayır diyememesiyle su elementini yansıtır.

Dörtte dört her yerde ve her şeyde vardır. Dört element-anasır, dört melek, dört kitap. Kim bilir çözebilsek daha ne sırlar var. İşte insanoğluna, kurulu şehirlere, hatta hayvan ve bitkilere, ülke ve kıtalara da bu dört anasır tesir eder. Kendinizdeki fazla ya da eksik yönleri saptayarak neye, hangi takviyeye, hangi tamamlayıcı zikre ihtiyaç duyduğunuzu ben burada en basit biçimde anlatmaya çalışacağım. İsminize değil cisminize, karakterinize, göre isim seçin demem bundandır.

Burçlara Göre Esmayıhüsna

Koç Burcu

Koç burcu, öncü, atak ve ateşli bir mizaca sahiptir. Bu yönü onu bazen lider yaparken bazen de tehlikelere açık hale getirir. Düşünmeden risk alıp, yanlış insanlara güvenip, övülme ve beğenilme isteğine yenik düşüp, sonra saman alevi gibi sönecek bir öfkeyle bir bardak suda fırtına koparıp yine aynı hızda masum bir bebek gibi yaptıklarını unutur. Yanlış insanlara tekrar tekrar güvenip arkalarından gidebilir ve aceleciliğine yenilip kendini zor durumlara sokabilir. İşte en büyük hatası da budur. Acele etmek, risk almak.

Bu karakter ve yaradılışa bir göz atalım ve hangi isimlerle örtüştüğünü inceleyelim:

El- Fettah: *Her türlü zorlukları kolaylaştıran, darlıktan kurtaran, hayr ve iyilik kapıları açan.*

El-Cebbar: *Dilediğini cebren ve zorla yaptıran, istediğini mutlaka yaptıran ve hedefine mutlak ulaşan.*

El-Kahhar: *Zalimleri kahretmeye muktedir olan, yakıcı ve zalimler için kahredici.*

El-Mubdi: *Bütün mahlukatı örneksiz ve maddesiz olarak ilk defa yaratan zat.*

El-Muktedir: *Kuvvet ve kudret sahibi olup, kuvvet ve iktidar sahipleri üzerinde de dilediği gibi tasarruf eden, iktidar sahibi, her şeye güç yetiren.*

Bu isimlere baktığımız zaman her birinin Koç burcunun mizacına uygun olduğunu görüyoruz. Koç burcu genel özellikleri itibariyle bu isimlerle özdeşleşiyor. Ancak hiçbir zaman yangına körükle gidilmez. Sadece Koç burçları değil yukarıda saydığım acelecilik, düşünmeden risk alma, çabuk parlama, öfke, hiddet, ama bir o kadar da gönül açıklığı, sonsuz seçeneklere açık olma hali sizde varsa siz de burcunuz ne olursa olsun bu yazdıklarımdan payınıza düşeni almalısınız. Peki ne yapacaksınız oturup düşünmeden yukarıdaki isimleri mi zikredeceksiniz? Tabii ki hayır. Bu benim tabiatıma veya burcuma uygun isim diye zikrederseniz kendinizi korkunç bir duruma sürüklemiş olursunuz. Hemen birlikte aklediyoruz.

- Rahatlıkla *El-Fettah* ismini zikredebilirsiniz, çünkü her kapıyı açan ve doğru niyetle yapıldığı zaman adeta mucizevi bir anahtar gibi olan bir isimdir. Koç burcunun bereketli, eli ve hayatı açık, umutlu yanlarını artırmak için bu ismi kendinize virt edinebilirsiniz. Hiçbir sakıncası yok.

- Eğer aşırı öfke ve zorbalık yapan, her şeyi kontrol etmek isteyen bir mizacınız varsa, *El-Cebbar*, *El-Kahhar*, *El-Muktedir* isimlerini zikredemezsiniz, çünkü bu sizdeki bu olumsuz tarafları iyice güçlendirir ve ateşinize daha çok odun atmak gibi olur. Eğer ki Koç burcu olduğunuz halde çok sessiz, hiçbir konuda muvaffak olamayan biriyseniz hem *El-Fettah*, hem de *El-Cebbar* isimlerini zikredebilirsiniz.

- Eğer öfkeden, acelecilikten mustarip sert ve huzursuz bir yapınız varsa, mutlaka ek olarak *El-Halim*, *Es-Selam* ve karşıt burcunuz Terazi burcuna sirayet eden *El-Latif* isimlerini zikrederek karakterinizi harika ve uyumlu bir hale getirebilirsiniz. İşte usul budur, sakın ola ki sizde var olan fazla ve zarar verici özellikleri tetikleyecek isimlere yönelmeyin.

- Her Koç burcu kişisi, imkânına görey ya da lâl taşlı, gümüş ya da altın levha üzerine *El-Fettah* ismini kazıtıp zikrine de devam ederse her işinde başarılı ve muvaffak olacaktır.

Boğa Burcu

Boğa burcu toprak elementinden olup, maddi olarak güvencede olma ihtiyacı çok baskın ve sağlam karakterli bir burçtur. Ne istemediğini de ne istediğini de çok iyi bilir. Seçer ve seçtiklerinde ısrar eder. Değişime ayak uydurmakta güçlük çekecektir. Buna karşın seçtiği yolda sağlam ilerler, kendisiyle birlikte her şeyi ve herkesi de sapasağlam taşır. Para ve madde onun için nefes gibi, su gibidir. Bir Boğa parası azaldığında ya da istediği konforu sağlayamadığında asla mutlu olmayacaktır. Bununla birlikte son derece bereketlidir. İnatçı ve tutucu da olabilir. Kararlı ve dayanıklı oluşu, kısaca Boğa gibi sağlam oluşu en önemli özellikleridir. Şimdi Boğa burcunda tesir eden isimlere bir göz atalım:

El-Metin: *Çok sağlam ve dayanıklı olan.*

El-Kadir: *Her şeye gücü yeten, her istediğini yapmaya muktedir olup güç yetiren muvaffak olan.*

El-Muahhir: *İstediğini geride bırakan.*

El-Gani: *Çok zengin olan.*

Es-Sabur: *Çok sabırlı olan.*

El-Hakk: *Varlığı hiç değişmeden olduğu gibi duran, gerçek ve hak olan.*

El-Kavi: *Pek kuvvetli, pek güçlü olan.*

El-Azim: *Pek azametli, pek büyük olan.*

Burcunuz Boğa olmadığı halde sizde de benzer özellikler varsa burayı dikkatle okuyunuz. Şimdi akledelim.

- Bu isimlerden rahatça zikredebileceğiniz isim yalnızca *El-Ga-ni* ismidir, ki bunu bile dikkatle yapmalısınız. Çünkü zenginlik bile olsa içinde huzur ve sağlık olmayan hiçbir şey iyi olmayacaktır. Niyet ederken, bütünlük, sağlık ve afiyet içinde bir zenginlik talep etmelisiniz. Bunun dışındaki isimleri zikretmeniz sizdeki katılık, kontrolcülük, hırs ve maddeciliği artıracaktır.

- Zor ve katı taraflarınızı yumuşatması, sizdeki kontrolcülük ve her şeyi tam isteme ve bunda muvaffak olamayınca mutsuz olma halini yumuşatacak *El-Vekil* ve *El-Rafi*, *El-Emin* isimlerini zikrederek olayları akışa bırakıp, her şeyin Allah'ın kontrolünde güvende olduğu bilgisiyle huzura kavuşabilirsiniz.

- *Es-Sabur, El-Azim, El-Metin* gibi isimler sizdeki katılığı artırıp, daha büyük zorluklarla baş etme zorunluluğunu da beraberinde getirmiş olur. Sabır değil daima kolaylık istemek akıllıca olandır. Çünkü sabredebilen sadece Allah'tır, biz O'nun gibi sabırlı olamayız.

- Yine *El-Muahhir* ismi yerine, *El-Mukaddim* (*dilediğini öne alan*) ismini zikrederseniz sizdeki ağırkanlı ve yavaş hareket etme halini canlandıracak ve işlerinizdeki yavaşlığı giderecektir. Yani sizde olanın devasını adeta bir ilaç gibi almak yerinde ve doğru olacaktır.

- Her Boğa burcu boynunda imkânına göre yeşim ya da zümrüt taşlı, altın ya da gümüş levha üzerine *El-Gani* ismini kazıyıp boynunda taşırsa ve zikrine devam ederse çok faydasını görecektir.

İkizler Burcu

İkizler burcu adeta insanlar arasında sağlam bir bağlantı kablosu gibidir. O habercidir, tabii haber iyi mi yoksa kötü mü olacak onu bilemiyoruz. Son derece zeki, kıvrak ve hareketli, fazlasıyla çekici, hava elementinden olduğundan hava gibi esip geçen, arkasına, geçmişine pek bakmayan, akılcı, kurnaz, meraklı, kararsız ve oldukça konuşkandır. Zaten yönetici gezegeni Merkür'ün etkisiyle böyle olması da çok normal. Bu burcun tabiatına denk gelen isimlere bir göz atalım:

Es-Semi: *Her şeyi işiten.*

El-Mukaddim: *Dilediğini öne alan, ön safa çıkaran.*

Eş-Şehid: *Her yerde her an hazır bulunan.*

El-Habir: *Her şeyin iç yüzünden ve gizli taraflarından, her şeyden haberi olan.*

El-Basir: *Her şeyi gören.*

El-Muhsi: *İstisnasız her şeyin tek tek sayısını bilen.*

Esmayıhüsnada olmayan, ama var olan *Zeki* (çok zeki, en zeki) ismi de bu burcun özellikleriyle ve karakteriyle örtüşür. İkizler burcu olun ya da olmayın yukarıda saydığım özellikler sizde mevcutsa sizin de tabiatınıza uyuyor demektir.

- Bu isimlerden *Eş-Şehid* dışında hepsini gönül rahatlığıyla zikredebilirsiniz. Fakat ek olarak *El-Kayyum* ve *El-Hâkim* isimlerini bazı konularda sabit ve kararlı olmak, kararsızlıktan kurtulup doğru hüküm vermek için zikrederseniz çok faydasını göreceksiniz.

- Duygusuz ya da aşırı gelgeç hevesleriniz varsa ve bu durum özel ilişkilerinizde sorun oluşturuyorsa *Er-Rahman* ismini benimseyip hak eden kimselere şefkatli ve koruyucu olabilmeyi hedefleyebilirsiniz.

- Bir İkizler burcu kişisi, gümüş ya da altın levha üzerine, imkân varsa akik taşlı bir levha yaptırıp üzerine, *El-Fettah* ve *El-Hâkim* isimlerini birlikte kazıtıp üzerinde taşırlar ve zikrine devam ederlerse her konuda üstün başarılar sergileyecekler ve hayatta daha kolay yol alacaklardır.

Yengeç Burcu

Ay tarafından yönetilen ve su elementine mensup Yengeç burcu son derece anaç, korumacı, sevdiklerine çok düşkün hatta bağımlı, onları beslerken beslenen ve mutlu olan, çekingen, aşırı ve bazen yersiz duygusal, inançlı ve merhametlidir. Bu burçtaki aşırı duygusallık, başta özel ilişkiler olmak üzere birçok konuda kendisini zor duruma sokar. Her konuyu başarsa bile duygusal dünyasını ve ikili ilişkilerini yönetmeyi çoğu zaman başaramaz. Kalbi inanç, sevgi ve merhametle dolu olduğu için belki de esmayıhüsnadan yararlanmak en çok ona iyi gelecektir. Bu burcun tabiatına denk gelen isimlere bir göz atalım:

El-Veli: *İyi kullarına gerçek dost olan, yardımcı ve dost olan zat.*

Er-Rauf: *Çok merhametli, acıyan, merhamet eden, koruyup esirgeyen.*

Er-Rahîm: *Merhamet eden, bağışlayan.*

El-Mümin: *Gönüllerde iman ışığı uyandıran.*

El-Müheymin: *Gözeten, koruyan.*

El-Halik: *Her şeyi yoktan var eden.*

El-Gaffâr: *Kulların günahlarını örten, onları bağışlayan.*

Malikü'l-Mülk: *Mülkün ebedi sahibi olan.*

El-Hafîz: *Yapılan işleri tüm tafsilatıyla, ayrıntılarıyla tutan.*

Merhamet, affedicilik, sevgi ve koruyuculuk barındıran tüm bu isimler, hafızası çok güçlü ve geçmişe çok bağlı olan Yengeç burcuyla örtüşür. Bu isimleri zikretmesinde bir sakınca olamaz, ancak eğer sürekli gözü yaşlı ve fevkalade duygularıyla hareket eden, mantığını duyamayan yapıda biriyse ve hatta Yengeç burcu olun ya da olmayın siz de böyle biriyseniz bu tavsiyeleri takip edebilirsiniz.

- Yukarıdaki isimlere ek olarak ya da bu isimleri değil de *El-Metin*, *El-Mukaddim*, *Zeki*, *El-Hay*, *El-Kayyum* isimlerini tercih edebilirsiniz. Bu isimler sizi daha kuvvetli ve sağlam tutmaya yardımcı olacaktır. Eğer zikrederken çok ağırlık hissederseniz sonuna "Ya Rahman" ekleyin. "Ya Metin Ya Rahman" gibi. Bu ikisi art arda tamamen katı olmayı engeller ve dengelenirsiniz. Diğer isimleri de tecrübe ederken ağırlık hissederseniz sonuna yine "Ya Rahman" ekleyebilirsiniz.

- Yengeç burcuysanız sedef ya da gümüş bir levha üzerine inci ya da sedef kakmalı bir kolye ucu yaptırarak üstüne "Ya Malikü'l-Mülk" ve "Errahmanirrahim" isimlerini birlikte kazıtırsanız ve bu ikisinin zikrine devam ederseniz ve öte âlemlerde mutlu olmanız için her şey önünüze serilir, tabii ki inşallah.

Aslan Burcu

Aslan burcunun çekim gücü tartışılmaz. Zaten onlar da bunu bilir ve bol bol övünürler. Son derece canlı parlak, güzel, gösterişli, güneş gibi, etkileyici, yaratıcı, yetenekli, cömert, yüce gönüllü, sağlam, lider ve idareci olan Aslan burcunun en uzak durması gereken yanı kibir ve kontrolcülük merakıdır. Kendini fazla ve eşsiz görme işini abarttıkça sevdiklerini kendinden uzaklaştırabilir ve övülmeye olan zaafı onu mahvedebilir. Bir o kadar da ortamın ışığı ve neşesidirler, güneşsiz dünya nasıl olursa Aslan burcu olmadan dünya öyle neşesiz olur işte. Canlılık ve hayatı simgeleyen bu burcun insanlarına etki eden isimlere göz atalım şimdi:

El-Azim: *Büyüklük ve azamet sahibi.*

El-Kebir: *Büyüklüğünde hudut olmayan.*

El-Aliy: *Çok yüce ve çok yüksek olan.*

El-Mu'iz: *İzzet verip ağırlayan.*

El-Muktedir: *Kuvvet ve kudret sahibi olup kudretli kimselere de üstünlük sağlayan iktidarın tek ve mutlak sahibi.*

En-Nur: *Âlemleri ışıklandıran, parlak ve nurlu olan.*

El-Muhyi: *İhya eden, dirilten, canlandıran, sağlık veren.*

ZülCelali Velİkram: *Her türlü büyüklüğün, yüceliğin sahibi, bazen celalli ve haşmetli ama son derece ve eşsiz biçimde cömert olan zat.*

Tüm bu isimler Aslan burcuna eksiksiz tesir eder. Parlak, göz alıcı, cömert, yüce gönüllü ama bir o kadar da buyurgan ve zor, kontrolcü ve kibirli olabilirler. Aslan burcu olun olmayın eğer siz de bu saydıklarıma benzer özellikler varsa sizi de kapsar.

- Bu isimlerden *Zülcelali velikram*, *En-Nur*, *El-Mu'iz*, *El-Muhyi*, *El-Aliy* isimleri sizi besler, ama *El-Kebir*, *El-Azim* ve *El-Muktedir* isimleri sizdeki zorlayıcı özellikleri artırır.

- Eğer aşırı öfkeli ve etrafınızın şikâyet ettiği fazla buyurgan ve övgüye aç biriyseniz sizi her derdinizden ve ateşli mizacınızdan koruyacak ve size hem su hem hava desteği yapacak olan *Es-Selam* ve *Er-Rahîm* isimlerini de hayatınızın vazgeçilmez parçası yapmalısınız. Sizdeki fazla ateşi ve hiddeti alır götürür.

- Eğer gücünüz yetiyorsa altın bir levha üzerine kehribar kakmalı bir kolye ucu hazırlatıp üstüne de "Zülcelali velikram ve Er-Rahîm" yazdırırsanız ve bu isimlerin zikrine de devam ederseniz sizin için koruyucu ve başarı getiren bir enerji yayılacaktır. Elbette inşallah.

Başak Burcu

Başak burcu son derece çalışkan, merhametli ve yardımsever-dir. Faydalı olmazsa mutsuz olan, titiz ve fazla eleştirel, evham-lı, sağlık ve temizlik korkusu duyan, ama gözle gördüğünü elle yapabilen, son derece becerikli, hatta tüm burçlar içerisinde en becerikli olan burçtur. Bir Başak insanı ne olursa olsun doğruyu söyleyecektir, kendisini de sizi de acımasızca eleştirecek gerçek-lik dışında hiçbir şeyi kabul etmek istemeyecektir. Son derece pratik zekâlı ve kötüyü iyiden ayırt edebilen, safiyane bir içsel seziş gücüne sahip, saf ve temiz ruhlu ve etrafı için bir öğretmen, bir psikolog ve yol göstericidir. Öne çıkan isimler ise şunlardır:

El-Muhsi: *İstisnasız tek tek her şeyin sayısını bilen.*

Er-Rakib: *Gözetleyen, bütün varlıklar üzerinde gözcü olan.*

El-Hâkim: *Her işi hikmet ve anlaşıldığı takdirde hayranlık uyandıracak bir incelikle yapan.*

El-Kayyum: *Gökleri ve yeri her şeyi ayakta tutan, yıkılmaz, ayakta duran.*

El-Kuddus: *Her türlü eksik, ayıp ve kirden münezzeh olan, te-miz, kutsal ve pak olan zat. Her şeyi temizleyen.*

El-Hadi: *Hidayete ve doğru yola erdiren.*

Ed-Dar: *Elem ve zarar verecek şeyleri yaratan, hüsrana uğratan.*

Er-Reşid: *Bütün işleri ezeli takdirine, uygun bir nizam ve hik-metle, doğrulukla, sonuna kadar ulaştıran, yoluna koyan.*

Bu isimler Başak burcunun özellikleriyle örtüşür. Başak burcu olun ya da olmayın eğer bu özellikler sizde de mevcutsa Ed-Dar ismi dışında yukarıdakilerin hepsini zikredebilirsiniz. Fakat evhamlı ve kuruntulu, bir türlü rahatlayamayan doğası gereği Başak burçlarının karakterinde tesirli olan isimlerden ziyade onu rahatlatacak isimlere de ihtiyacı vardır.

• Kendini ve etrafını acımasızca eleştirmesine, mutsuz ve kuruntulu doğasına iyi gelmesi için bir şifa gibi *Eş-Şafi, Es-Selam, El-Bâsıt, El Latif* isimlerini zikretmesi çok şifalı ve huzur getirici etki yayacaktır. Gümüş ve akik kakmalı bir levhaya, Ya Selam, Ya Latif, Ya Bâsıt isimlerini kazıtıp boynunda taşır ve bu isimlerin zikrini hiç bırakmazsa şifa bulur ve işleri açılır, göğsü genişler adeta bir antidepresan etkisi gibi huzurla dolar. *Eş-Şafi*'yi yazdırmadan zikretmeli, çünkü fazla "ş" harfi frekansını üstünde bulundurmak iyi hissettirmeyebilir. Sadece niyetle, şifaya niyet ederek zikretmesi yeterli olacaktır inşallah.

• Meleksi enerjisinden dolayı temiz şeyler yiyip içmek ve alkolden, sigaradan uzak kalmak, hatta hayvansal gıdaları da azaltmak onun temizliğini ve berraklığını artırır. Adeta elinde fener tutan ermiş enerjisiyle herkese ışık olabilir. Tabii ki bunlar tavsiyeler, herkes nefsiyle ileri boyutta baş edemeyebilir. Ne yapabilirsek kârdır demeliyiz.

Terazi Burcu

Nazik, uyumlu, adalete önem veren, sanatsal becerileri üstün, güzel/yakışıklı, sanatçı ruhlu, zarif ve son derece naif kimselerdir Teraziler. Bir türlü ben, benim hakkım diyemezler. Son derece güzel ve özel olmalarına rağmen çoğu zaman geri planda kalmalarının nedeni de budur. Bir türlü kendi haklarını koruyamazlar, ama bir başkasına haksızlık olmasından da bir o kadar çekinirler. Kimseyi incitmek istemezler, fakat bu nezaketinin yanı sıra bazen denge sorunu olabilir ve kendinden beklenmeyen tavırlar sergileyebilirler. Hem kötü işler yapıp hem de yine zayıf doğasına yenik düşebilirler, bikarar olamayıp bu haliyle hayatlarını bozabilirler. Dengede ve kararlı olmak bu burç için olmazsa olmazdır. Az ve fazla değil her şey dengede olmalıdır. Öne çıkan esmalar şunlardır:

El-Latif: *İşlerin bütün inceliklerini bilen, letafet sahibi, lütfuyla sevindiren.*

El-Vedud: *Yarattıklarını seven, sevgiyle yaratan ve kendisi de sevilmeye en çok layık olan.*

El-Adl: *En adil olan, adaletle hükmeden.*

El-Halim: *Yumuşak davranan, incitmeyen.*

El-Bedi': *Örneksiz, emsalsiz ve mükemmel bir güzellikte yaratan.*

El-Bari': *Her şeyi uygun bir tarzda birbirine uygun yaratan.*

El-Musavvir: *Tasvir eden, eksiksiz tasarlayan, şekil veren, en mükemmel şekilde hususiyet veren zat.*

Bu isimler Terazi burcunun doğasında var olan özelliklerle örtüşür. *El-Adl* ve *El-Halîm* dışındakileri zikretmek iyi gelecektir. "Adil" insana ağır ve zor gelen bir isimdir. Kişiyi altından kalkamayacağı seçimlerle muhatap etmeye vesile olabilir. Adil olabilen sadece Allah'tır ki biz ne kadar istesek ve kendimize bu misyonu yüklesek de bu misyon insanın üzerinde ağır durur. Bunu zikir değil fikir etmek önemlidir. Görebildiğimiz ve algılayabildiğimiz düzeyde adaletten şaşmamak, ancak "ben doğruyum bu doğrudur" noktasında da iddialı olmamak önemlidir. Haklı olduğunuz konular için bile bu ismi zikretmenizi tavsiye etmem. Saygıyla söyleyin ama bunu uzun süreli tekrarlara dönüştürmeyin. Çünkü kimin gerçekte haklı olduğunu yalnız Allah bilir.

- *El-Halîm* ismi ise zaten sizde var olan hayır diyememe halini tetikler. Buna değil daha özgüvenli ve sağlam, dengeli duruş sahibi olmaya ihtiyacınız var. Sizin asla bırakmadan devam etmeniz gereken isim "Ya Latîf" ismidir. Bu isim her niyetiniz için size kafi gelecektir.

- Bir gümüş ya da altın levha üstüne imkân varsa zümrüt kakmalı olsa daha iyi olur, *El-Latîf* ismini kazıtıp boynunuzda taşırsanız ve zikrine de devam ederseniz her şey size kolaylaşır ve çeşitli ikramlara mazhar olursunuz, tabii ki inşallah.

Akrep Burcu

Hep söylerim okyanusun en derin yeri gibidir Akrep burcu. Orada gördüğünüz güzellikleri başka bir yerde göremezsiniz, ama boğulma riskiniz de yüksektir. Büyüleyici, derin, sonsuz, unutmayan, farkında olmadan krizden beslenen, azimli, sebatkâr, tuttuğunu koparan. Nereye bırakırsanız bırakın döndüğünüzde orada bulacağınız tek burç belki. Son derece tutkulu, birini sevince iliklerine kadar seven ve işleri en son noktaya kadar vardırabilen, sezgisel ve medyum özelliklerine sahiptirler. Bu burcun insanlarından en iyi dedektifler, doktor ve psikiyatrların çıkması tesadüf değildir. Onlar en ince işleri en ince ayrıntısına kadar görebilme kabiliyetine sahiptirler. Öne çıkan isimler şunlardır:

El-Vâris: *Servetlerin gerçek sahibi olan, tüm servetler kendisine kalacak olan.*

El-Bais: *Ölüleri diriltip kabirlerinden çıkaran.*

El-Muid: *Yaratıkları yok ettikten sonra yeniden yaratan.*

El-Cebbar: *İstediğini mutlak yapan, dilediğine muktedir olan.*

El- Muntakim: *Suçluları cezalandıran, masumların intikamını alan zat.*

El-Bâtın: *Gizli olan zat.*

El-Mümit: *Ölümü yaratan, öldüren.*

El-Muktedir: *Kuvvet ve kudret sahipleri üzerinde dilediği gibi tasarruf eden.*

Akrep burcuysanız veya yukarıda saydığım özellikler sizde varsa yapmanız gereken bu isimlerden sadece *El-Vâris* ismini zikretmek ve bununla birlikte *Errahmanirahim, El-Afüv* isimleri de size müthiş rahatlama ve güzel açılımlar getirecektir.

- Unutamadığınız ve hem kendinizi hem ailenizi, sevdiklerinizi üzüp zorladığınız konular için de "Ya Selam" ismini düzenli zikrederseniz katı ve sizi zorlayan her şeyden kurtulduğunuzu göreceksiniz. Sizi daha da katılaştırabilecek isimlerin enerjisine girmemelisiniz. Adeta panzehir gibi sizi ferahlatacak enerjilere bürünün.

- Gümüş bir levha üstüne tercihen siyah akik de olur "Errahmanirrahim" yazdırıp üzerinizde taşır ve bu isme de her gün belli bir sayıda (kendi belirleyeceğiniz bir sayıyı yavaş yavaş artırıp sabitleyin), devam ederseniz hem daha huzurlu hem de daha güzel bir hayat yaşadığınızı göreceksiniz.

Yay Burcu

Son derece saf ve temiz ruhlu, açık sözlü, ileri görüşlü, seyyah ve gezgin ruha sahip, açık sözlü hatta bunu uç noktalara vardıran, hoşgörülü, kin nedir bilmeyen, arkadaş canlısı, sempatik ve neşeli olan Yaylar Zodyak'ta hepimizin vazgeçilmezi. Onlar bizi neşelendiren ve aslında yönetici gezegenleri Jüpiter'in de tesiriyle çok bereketli kimseler. Tek sorun bazen sınırları bulamıyor ya da kabullenemiyor olmaları. Bazen yolların hiç bitmeyeceğini, cümlelerin istedikleri yerlere kadar gidebileceğini, her şeyin sonsuz olduğunu düşünecek kadar aşırı iyimser olabiliyorlar. Bu halleri kimileri için sevimliyken, kimileri için itici olabiliyor. Bazen insanların kötü olduğunu anlayamayıp, kin de tutmadıkları için tutarsız görünebiliyorlar, çünkü kızdıkları kimseleri affediveriyorlar. Öne çıkan isimler şunlar:

El-Gani: *Çok zengin olan.*

El-Muğni: *Dilediğini zengin eden.*

El-Fettah: *Hayr ve iyilik kapıları açan, her zorluğu kolaylaştıran.*

El-Kerim: *İkram edici, cömert, ikramı bol olan.*

El-Bâsıt: *Açan, genişleten, yayan, ferahlatan.*

El-Alim: *Her şeyi bilen, bilginin ve ilmin gerçek ve tek sahibi.*

Yay burcunun ferahlığına bakın ki yukarıdaki tüm isimleri gönül rahatlığıyla zikredebilir. Bu isimler kalbindeki açıklığı, şansı ve mutluluğu da pekiştirecektir. Bir Yay insanıysanız ya da hangi burçtan olursanız olun ferahlamak istiyorsanız bu isimleri kendinize uygun dozlarda her gün zikredebilirsiniz. Ne mutlu!

- Eğer bir Yay burcu olarak altın bir levha üzerine ametist ya da inci kakmalı, altın bir levhaya *El-Fettah* ve *El-Bâsıt* isimlerini yazdırır ve bu iki ismi de hiç bırakmadan zikrederseniz her işinizin kolaylıkla akıp yoluna girdiğini göreceksiniz.

Oğlak Burcu

Oğlak burçları gerçeğin pes etmez savunucularıdır, mantık ve düzen insanlarıdırlar. Onları basit, sağlam olmayan, kolay hiçbir şeyle büyüleyemez, altyapısı harika olmayan hiçbir şeyle ikna edemezsiniz. Kalite bu burcun vazgeçilmezidir. İnsanın da, eşyanın da en kalitelisini ister ve kendisi de duruşundan asla taviz vermek istemez. Onlar olmasa insanoğlu nizamı tamamıyla bozardı. Tek sorun fazla eleştirel ve çoğu zaman fazla katı olmalarıdır. Kendilerini de etraflarını da daraltmaları ve sert halleri insanları onlardan, onları da insanlardan uzaklaştırabilir. Gerçekçi, pratik, tutumlu, sıfırdan zirveye gidebilecek güçte, dayanıklı ve istikrarlı bu insanlar çoğu zaman kötü senaryoyu abartsalar da genelde yanılmazlar. Onlar birer "Pollyannasavar" gibidirler aşırı neşeli hayaller onlar için aptalca olabilir. Hayallere değil gerçeklere inanırlar. Öne çıkan isimler şunlardır:

El-Manî: *Bazı şeylerin meydana gelmesine müsaade etmeyen, engel olan.*

Ed-Dar: *Elem verici şeyleri yaratan, hüsrana uğratan.*

El-Kâbıd: *Dilediğine darlık veren, daraltıp sıkan.*

El-Metin: *Çok sağlam ve dayanıklı olan.*

El-Mukaddim: *Dilediğini öne alan, ileri geçiren.*

Malikü'l-Mülk: *Mülkün ebedi sahibi.*

Bu isimlerin çoğunluğu zikreden kişiye ağır gelecektir. Bu nedenle eğer Oğlak burcuysanız ya da zor bir hayatın içindeyseniz lütfen bu isimlerden *El-Mukaddim* ve *Malikül Mülk* dışındakileri zikretmeyin. Bu isimlerden ziyade size tavsiyem *Es-Selam* ve *El-Bâsıt* isimleri olacak.

- Bu iki ismi altın ya da gümüş levha üzerine, siyah ya da kahverengi akik kakmalı vaziyette yazdırır boynunuzda taşır ve her gün de bolca zikrine devam ederseniz işleriniz kolaylaşıp göğsünüz ferahlayacaktır. Bu tavsiyeme uyanlar bana çok teşekkür edecekler, tabii ki inşallah.

Kova Burcu

Özgür ruhlu, arkadaş canlısı, entelektüel, fazlaca zeki, ileri görüşlü, orijinal ve teknolojik bilimsel konularda son derece başarılı olan Kova insanları adeta Uranüs'ten buraya transfer olmuş, dünyaya nefes aldırmış ama dünyanın kendisine dar geldiği özel insanlardır. Onlar için sınırlar ve eşitsizlik, bencillik öldürücüdür, nefes alamazlar adil olmayan bir dünyada. Dostlarına çok düşkündürler her ne kadar son yıllarda dostluğa inançları azaldıysa da onlar yeni insanlar tanımaktan ve arkadaş olmaktan son derece mutludurlar. Öne çıkan isimler şunlardır:

El-Alim: *Her şeyi en ince ayrıntısına kadar bilen, bilginin ve ilmin tek gerçek sahibi olan zat.*

El-Muhsi: *İstisnasız her şeyin sayısını tek tek bilen.*

Zeki: *Esmayıhüsnada olmayan, ama yine Allah'ın isimlerinden kabul ettiğimiz. Zekâsı herkesten üstün ve sonsuz olan, en zeki.*

El-Vasi: *Lütfu bol olan. Gördüğünüz gibi hepsi çok güzel isimler.*

Bir Kova burcu insanı olarak bunların hepsini zikredebilirsiniz. Eğer gümüş ya da altın bir levha üzerine "Ya Vâsi" ismini *Es-Selam* ismiyle birlikte yazdırıp üzerinizde taşırsanız ve zikrine de devam ederseniz çok büyük faydalarını göreceksiniz, tabii ki inşallah.

Balık Burcu

Son derece merhametli, hassas, yaratıcı, mistik, sanatçı, inançlı, naif ve zarif insanlardır. Bazen onları çok soğuk ve kararsız görürsünüz, bunun nedeni korkuyor, olacakları devamlı hissediyor ve çekiniyor olmalarıdır. Aşırı duygusal, bazen kişilere ya da eşyalara bağımlılık geliştirebilen ve kopmakta zorlanan, iyilik duygusu nedeniyle kendisini bazen kurban rolüne sokan kişilerdir. Bazen kendisinin bile anlayamayacağı kadar izole ve sislidirler, ama her balık insanı doğuştan birer medyum ve bebek kadar saf kalplidir. Eğer uzağa gidiyorsa çok incinmiştir. Onun hassas olduğunu unutmayın. Öne çıkan isimler şunlardır:

Ya Sania Kulli Masnu: (Esmayıhüsnada yok) *Her şeyi sanatla yaratan, eşsiz güzellikte yaratan zat.*

El-Bâtın: *Gizli.*

Ez-Zahir: *Görünen.*

Er-Rauf: *Çok acıyan, çok merhametli, esirgeyen ve koruyup acıyıp koruyan.*

EL-Afüv: *Affı çok olan, çok bağışlayıcı, merhameti ve affı kolay ve çok olan.*

Gördüğünüz gibi hem Bâtın hem Zahir. Çünkü bir var bir yok. Bazen yolunu kaybeden, kayan masum Balıklar; bazen gizemli, bazen aşikâr ama görünendeki gizmeliğe hâkimdir. Bilir. Söylemeseniz de bilir. İşte bu hassas insanlar yukarıda *El-Bâtın* dışındaki tüm isimleri bolca zikredebilirler. Ayrıca

- "Hayyul-Kayyum" isimlerine ve *Es-Selam* isimlerine devam ederlerse dünya ve uhrevi âlemlerle arada sıkışıp anlaşılamayan, akan, eriyen insanlar olmaktan kurtulurlar.

- "Huvel Hayyul Kayyum, Yaratan, her şeyi, yeri ve göğü ayakta tutan Allah" diyerek devam edin. Bunu devamlı söyleyin ve *Es-Selam* ismini de elinizi kalbinize koyarak esenlik dileyerek zikredin.

- "Hayyul-Kayyum" ve "Es-Selam" isimlerini gümüş bir levhaya isteğe bağlı olarak zümrüt ya da ametist kakmalı yazdırıp zikrine de devam ederseniz, hayatınızın nasıl mükemmelleştiğini ve dengenizin nasıl yerine geldiğini göreceksiniz.

BEŞİNCİ BÖLÜM

Burçların Sembolleri ve Anlamları

Semboller Üzerine

Her burcun kendine özgü sembolleri, işaret ve anlamları vardır. Düşünülenin aksine öylesine, rastgele seçilmiş semboller değil bunlar. Her birinin içinde çok derin anlamlar ve burcun doğasını daha nitelikli ifade eden ipuçları var. Zodyağın ilk burcu Koç olmasına rağmen bu seriye Oğlak burcundan başlayacağım, çünkü en inanılmaz gelen, en bilinmeyen ve bilinince şaşkınlık yaratan sembol Oğlak burcunun sembolü. Bu sembolleri ve anlamlarını öğrenince kendinize çok daha derin ve başka bir gözle bakmaya başlayacağınızdan eminim. Genel kalıplardan çıkarak kendimizi daha iyi tanıma zamanı!

Oğlak Burcu Sembolü ve Anlamı

Sembol 1   Sembol 2

Oğlak burcu sembolü neden yarı balık yarı keçi?

Yaygın sembol olarak dağa tırmanan Oğlak sembolü kullanılsa da en çok bilinen efsanevi sembol yukarıda ikinci sembol olarak gördüğünüz yarı balık yarı keçi sembolüdür, deniz keçisi olarak da bilinir. Peki toprağın sert çocuğu, inatçı Oğlakların suyla ve balık sembolüyle ne ilgisi olabilir? Aslında bir Oğlak burcu kişisi denize ait her şeye sahiptir, duyguları en yoğun haliyle bilir, fakat bunları kontrol edilmek için değil, kontrol etmek üzere kullanır. Bilindiğinin aksine son derece hassas ve alıngan kimselerdir.

Deniz keçisi bazen denizden çıkar karaya bakar ve hazineyi karadakiler için faydalı hale getirip getiremeyeceğini değerlendirir. Aslında kendini bulunduğu bölgenin babası gibi hisseder, bunu istemdışı yapar. Kıvrımlı kuyruğunda duyguların pullar kadar envai çeşit rengi ve şekli, hak edene şifa, hak etmeyene ise zehri vardır. Bilgedir, toplumun değer yargılarını korumaya ve toprağı bereketlendirmeye yönelik sorumluluk hisseder.

Yukarıda gördüğünüz ilk sembol ise bir diğer oğlak sembolüdür. Bu sembol son derece detaylıdır ve Oğlakların hayatlarının iki evreden oluştuğunu anlatır. Bu genç ve yaşlı olmak üzere ikiye ayrılan evre birbirinden farklı özellikler taşır. Gençken daha tedirgin, karamsar ve güvensiz olan Oğlaklar, yaşlandıklarında daha sağlam, kendilerinden emin, olgun ve bilge olurlar ve bu halleriyle etraflarındakilere de güven veren olgun, bilge birine dönüşürler.

Haritanızda Oğlak burcu etkileri yoğunsa bu özellikler Oğlak burcunun haritanızda yönettiği alanlarda yukarıda saydığım özellikleri vurguluyor demektir. Bu ev hangi evse, örneğin çocuk evinizse, "burada planlı, düzenli, fazla kontrolcü, disiplinli, geleneksel ve sorumluluk sahibi olma" eğilimleriniz artacak, ayrıca çocukta da benzer özellikler aranacak demektir.

Bu konuda çok detay var. Ama özetle Oğlakların sanıldığı kadar duygusuz olmadığını, aksine duygularını bile mantığa hizmet eden alanlarda kullandığını ve yaşlandıkça olgunlaştığını, bilgeleştiğini ifade etmiş oldum sanıyorum.

Artık balık kuyruklu keçi görünce şaşırmayın.

Kova Burcu Sembolü ve Anlamı

Sembol 1   Sembol 2

Kova burcunun yukarıda gördüğünüz ilk sembolü birbirine paralel iki su, iki hava, iki elektrik ya da iki ışık dalgası olarak görülür. Bu durum bazen duygularda, bazen zihinde yaşanan dalgalanmayı anlattığı gibi, insanlığı ileriye götüren en önemli teknolojik buluşlarla, radyo dalgaları, ses, elektrik ve ışık dalgalarının bu burçla ve bu burcun sahip olduğu fütürist yaklaşımlarıyla da bağlantı kurar. Bu burç gelecekçi, akılcı ve teknolojik konularda doğal olarak beceriklidir.

Bazı kaynaklar bu iki dalganın birer yılan olduğunu, üstteki yılanın insanın hemen kavrayan zihnini ve büyük kavramları, alttaki yılanın ise insanın mantıksal zihnini simgelediğini ve bu ikisinin birbirine değmeden Kova'nın aklında var olabildiğini söyler.

Bir diğer sembol de yukarıda gördüğünüz ikinci semboldür. Bir hava burcu olarak, hem sezgi gücü hem de muhakeme yeteneği ve yüksek zekânın birleşmesinden oluşan Kova burcu, elindeki kaptan su boşaltan bir erkekle de sembolize edilir. Bu sembolün elindeki testi ölülerin küllerinin konduğu kapları temsil eder. Adı *delphi*, yani "su küpü" olan Kova burcu, şifalanma ve bir çeşit vaftiz halini de sembolize eder.

Yunan mitolojisinde Kova burcu Troya'yı kuran Kral Tros'un oğlu Ganymedes ile özdeşleştirilir. Ganymedes muhteşem güzel bir çocuktur ve sürülerini otlatırken Zeus onu görüp güzelliğine hayran olur, kartalıyla onu kaçırtarak Olympos Dağı'na getirir. Çocuğun babasına birçok armağan veren Zeus, Ganymedes'i tanrılar sofrasında şarap sunucusu olarak görevlendirir. Zeus, Ganymedes'in hizmetleri ve güzelliği anısına ona *Aquarius* (su taşıyıcısı) adını vererek bir yıldıza dönüştürür ve ölümsüzlüğe ulaştırır.

Babil mitolojisinde Gula adı verilen Kova burcu, çocuk doğumları ve ölümleriyle ilgili olan bir ana tanrıçayla da özdeşleştirilir. Aslında gökten kozmik bilgiyi alıp yeryüzüne yayan kolektif bilince sahip, suyun içinde yaşamayan ama onu içinde taşıyan Kova insanları duygularını bu yüzden iyi kontrol ederler ve duygusuz değil, duygulara hükmetme becerisine sahip kimselerdir.

Haritamızda Kova burcunun kestiği evlerde yenilikçi olmak ve özgür, akılcı yaklaşımlar benimsemek en doğrusu olacaktır. Buralarda asi ve aşırı özgür tavırlar sergileme eğilimi de gösterebiliriz.

Balık Burcu Sembolü ve Anlamı

Sembol 1   Sembol 2

Balık burcunun ilk simgesi iki halka ve bu iki halkayı tam ortadan kesen bir çizgidir. İlk yarım halka, insanın belli şeyler bilen ama görünenin ötesini algılamaya gücü ve yetileri elverişli olmayan kısmını anlatırken, ikinci ve birinciye ters bükey halka, evrenin sonsuz bilincini, görünenin ötesini ve dünyevi olmayan manevi alanı temsil eder. Dünya ise bu iki kısım arasında bir köprü gibidir. Balık burcu bu ikilemi anladığında kimseyi yargılamaz fakat bu ikilem ona galip geldiğinde adeta delirir, ayak uyduramaz ve izole olur. Bu sembol Balık burcunun, insanlar ve durumlar arasında adeta bir köprü gibi birleştirici ve uyum sağlayıcı olduğunu anlatır.

Hem aşırı empati kurma hali, bizim bilemediğimiz, göremediğimiz enerjileri ve evrenin sonsuzluğunu hissederek, hem de dünyaya ayak uydurmaya çalışarak yaşamak Balık burcu bireyi için en büyük sınavdır.

İkinci sembol birbirine tam ters yönde duran iki balıktır. Biri bir yöne gitmek isterken diğeri başka bir tarafa yönelmiştir. Beynin iki yönü, iki cins, iki zıtlık arasında bazen kararsızlık ve zıtlıkla bocalayan Balık, aslında her zıtlığın birbirine aktığını bilen bir üçüncü göz gibidir. Bu yüzden hissiyatı çok gelişmiş ve empati yeteneği de son derece yüksektir. Biz görüneni hesaplarken o görünen şeylerin devamını ve uzantılarını hisseder, kozmik bir akla ve algıya sahiptir.

Bu iki ters balık ayrıca onun şartlara göre cayan, fikir değiştiren, zora gelemeyen, karmaşaya düşen, kararsız ve ikilemlerle dolu yapısını da açıklar. Ayrıca bütünleşme arzusu olan, farklılıkların birbiriyle bağlantılı olduğunu ve arada sadece iki tarafı da incitmeden bağ kurma ve birleştirici bir köprü kurma arzusunu da simgeler. Burada bir feda etme durumu vardır. Balık burcu peygamber olarak Hz. İsa ile bağdaştırılır (Hz. İsa'nın burcu Balık demiyorum, lütfen dikkat edelim, yaşamı ve mesajı Balık burcuyla örtüşüyor). Hz. İsa tertemiz bir anneden mucize eseri doğan, ölüleri dirilten şifacı peygamberdir. Uhrevi dünya ile dünyevi topluluklar arasında bir köprü ve sonuçta kendini adayıp feda eden kişidir! On ikinci burç, on iki havari! On ikinci saf ve tertemiz kişi aslında topluluğun başı ve maneviyata açılan kapıdır.

Koç Burcu Sembolü ve Anlamı

Sembol 1   Sembol 2

Koç burcunun yukarıda gördüğünüz birinci sembolü ilk bakışta bir koçun başını ve boynuzlarını andırır. Gerçekten de vücutta temsil ettiği bölge baş, kaş, göz, burun kısımları ve hayata karşı tavrını ya da inadını temsil eden boynuzlarıyla Koç burcunu en iyi temsil edebilecek semboldür.

Bu sembol bir fıskiyeden kuvvetle fışkıran su ya da topraktan filizlenen taze bir filiz, başlamayı, umutla yeşermeyi anlatan kıvılcımları da andırır. Koç burcunun en inatçı tavrı hayatta kalmak ve pes etmemekle ilgilidir. O, ne kadar yara alırsa alsın sevmekten ve inanmaktan vazgeçmez, düşe kalka büyüyen bir çocuk yürümeye nasıl küsmezse o da hayata küsmez ve bazen aynı hataları baştan yapma pahasına da olsa yeniden denemeye devam eder. Kıvılcım hiçbir şeye rağmen sönmemelidir.

Bu sembol patlayan, bir yerden patlak veren bir gücü de anlatır, birden ortaya çıkma, anilik ve fışkırma halidir bu. Durdurulması güç, inatçı bir doğumdur.

İkinci semboldeki koçun boynuzları antik uygarlıklarda kuvvet ve bereket simgesiydi, boynuz figürü kuvvetli olmayı ve savaşmayı da simgeler. Koç yerleşiminin güçlü olduğu haritalar ve her birimizin haritasında Koç burcunun kestiği evler, alanlar inisiyatif almamız gereken, risk almak isteyebileceğimiz, öne atılma cesareti göstermemiz gereken coşkulu alanlardır. Buralarda yeşeren ve öne atılan bir güç vardır. Dikkat etmemiz gereken ise bu alanlarda fazla cesur ve aceleci bir tavır sergilememektir. Koç burcunun güçlü ve enerjik doğasını bilinçsiz bir savaş taktiğiyle heba etmeden değerlendirmek yerinde olacaktır.

Fışkıran alev, yaşayan ve patlayarak toprağı yaran bir filiz, taze ve heyecan uyandıran bir enerji... Sizce de bakınca toslayacak gibi durmuyor mu? Cesaret, yaşama azmi ve başkaları yüzünden sönmeyen bir umutla...

Boğa Burcu Sembolü ve Anlamı

Sembol 1   Sembol 2

Boğa burcunun yukarıda gördüğünüz birinci sembolünü ilk bakışta bir boğanın başı ve boynuzlarına benzetsek bile, bir dolunay ve yeniay sembolünün birleşmesinden meydana gelmiştir.

Boynuz; kudret, iktidar, inat gibi kavramlarla bağdaştırılır ve başta Mısır olmak üzere birçok kültürde yer alır. Hatta Mısır'da bereket ile ilişkilendirilen tanrıça Hathor efsanesinde de hem boğa hem boynuz sembolü büyük önem arz etmektedir.

Boğa zamanı, doğanın çiçeklenip yeşerdiği, yeniden hayat bulduğu yılın en keyifli zamanıdır.

Boğa burcu "ben" olmayı iyice sindirip bunun tadını çıkarmaya başlayan ve "nefs" ile son derece ilgili bir burçtur.

Ay, Boğa burcunun yücelme yöneticisidir. Boğa burcunun en fazla rahat ettiği, hatta Yengeç burcundan bile daha kuvvetli çalıştığı alan da burasıdır.

Kısaca Boğa burcu sembolü hem kudret, iktidar, çiçek açma, keyif hem de bereketli anne, kucak dolusu şifa ve nefsin en kuvvetli halini izah ve ifade eder.

Hayatın karşısında dik ve aşırı güçlü bir duruş, kolay sarsılmayan koca bir baş, dişil enerjinin en kuvvetli hali, toprak ananın üretkenlik ve bereketi, güçlü boynuzlar, duygudan yoksun olmayan bir duyarlılık, nefse düşkünlük, keyif ve zevklerle örülü bir enerji... İşte Boğa burcunun dolunay ve yeniay sembolünden oluşan ayrıca boynuzlu bir boğa başına benzeyen sembolleri bize bunları ifade ediyor.

Haritalarda Boğa burcunun kestiği alanlar ya da Boğa burcu vurgusu bulunan haritalar; güvenlik, maddi güvencede olma, sağlam ilişki, sağlam hayat arayışı içinde olduğumuz durumlara işaret eder. Boğa burcunun kestiği alanda, bir bereket akışı ve sağlam-kalıcı değerler elde etme fırsatı olduğunu düşünebiliriz.

Yeniay ve dolunay dişil enerji ve üretkenliğin en gelişmiş halidir. Nefse düşkünlük uyku-yeme sevgisine bağlı kilo sorunları da kaçınılmaz oluyor elbette.

İkizler Burcu Sembolü ve Anlamı

Sembol 1   Sembol 2

Beş duyuyla keyfi, zevki tatmak ve hazlarla örülü bahar evresini tamamlamak anlamına gelen Boğa zamanının arkasından İkizler zamanı gelir. Yürümek, gezmek, adım atmak, aldığı hazzın bilgisini ve çevrede gördüklerini aktarmak isteyen bir yapı ortaya çıkar. İkizler zamanı bahar ve yaz arasında bir köprü kurmak ister, havalar da koşullar da değişkendir. Yavru kuşların büyüyüp uçmaya hazırlanma vaktidir. Uyum sağlama, alıştırma, ısındırma vaktidir. Çok derine dalmadan geçişi sağlayıp ilerlemek gereken zamandır.

İkizler burcunun ilk sembolü roma rakamı ile iki yani, "II" ile ifade edilir. O tek olanı değil, iki olanı, ikilemi algılamakla ilgilidir.

İkizler düalite kavramıyla doğrudan ilişkili bir burçtur. İkiz ruhların birbiriyle konuşması, tartışması ve tüm ikilemlere rağmen birbirini anlayıp uyum göstermesi gerekir. Ayrıca ikinci sembolünde de birbiriyle uyum göstermek isteyen, farklılıkta uyum yakalaması gereken iki insan vardır. İki hayvan sembolliği olan Koç ve Boğa'dan sonra İkizler'deki çift insan sembolü iletişimi vurgular. Artık bilgi ve iletişim önem kazanmaya başlar.

İkizler burcunun halk arasında ikiyüzlülük olarak görülen özelliğinin sebebi her ikizlerin içindeki düalite enerjisiyle baş edememesidir. Sizin yanınızda size hak verirken, size karşı olan diğer tarafın da haklılığı gözüne çarpacak ve iki kişinin de haklı taraflarını aynı anda algılayabilecektir. Sorunlar bu ikilemi, iki farklı düşünceyi ifade edemeyince ortaya çıkar.

Bir İkizler burcu bireyi buraya geliş amacının ötekileştirmeden düaliteyi kabul etmek olduğunu anlayınca rahata erer. Hiç kimsenin bir İkizlerden taraf tutmasını beklememesi gerekir. O buraya taraf tutmak için değil, herkesin ve her koşulun bir biçimde bir arada bulunmasının bir anlamı olduğunu bilmek için gelmiştir.

Şeytanı da meleği de yaratanın Tanrı olduğunu bilir, ikisi de gereklidir. O işin gereklilik kısmındadır ve adaletin sağlanacağı yer Terazi'nin alanıdır. İkizler sadece mevcut ikilem arasında uyumu yakalamak ve düalizmi anlamak üzere gelmiştir.

Haritada İkizler burcu etkisi alan yerlerde iletişime açık olmamız gerekir ve bu alanlarda düaliteyi görmek, esnek ve değişime açık olmak gerekir.

Yengeç Burcu Sembolü ve Anlamı

Sembol 1   Sembol 2

İki Yengeç kancasının iç içe geçmiş halini andıran Yengeç burcunun ilk sembolü bir şeye tutunduğu vakit bırakmayan özelliğini simgeler. Bu sembol aynı zamanda döllenmeyi, rahimdeki cenini ve evladına en düşkün burç olarak bilinen Yengeç burcunun evlat sevgisi ile bereketini, koruyuculuğunu da ifade eder. Semboldeki ikilik, çift olma durumu hem aşırı şefkatli, sevgi dolu, koruyucu, incitmek istemeyen, hem de çok tutucu oluşuyla huzursuz olan ve huzursuz eden doğasını ve bundan doğan düaliteyi ifade eder.

Yengeç doğada da dışı çok sert, içi yumuşak bir hayvandır, tıpkı Yengeç burçlarının ruh yapısı gibi.

Yine semboldeki düaliteden doğan çok sevme, koruma ve aşırı tutma, tuttuğunu bırakmama hali Yengeç insanını bir müddet sonra elbette yoracaktır, ama uzun bir müddet sonra. Bu defa etrafınızda pervane olan, aşkıyla sizi çılgınca kucaklayan sadık ve şefkatli Yengeç adeta bir buzdağı misali soğuk oluverecektir. "Bu çok sessiz ve iyi biriydi ne oldu şimdi," dediğimiz burç işte Yengeç burcudur. O incitmek istemez ve bu yüzden içinde yaşar, sonunda buz gibi olduğunda tam olarak neye ne zaman kızdığını bile bilemeyebiliriz.

Ama bu sembolün en temel anlamı yoğun ve duygu dolu seks, aşkla yaşanan bir cinsellikten doğan çocuklar, koruma kollama dürtüsüdür. Öte yandan Yengeç burcu beslerken beslenen bir yapı çizer. Beslemeyi çok sever çünkü birini beslerken o da beslenir. Karşılıklı sevmek, yakın ve yoğun temas içinde olmak, sevdiğini ve bebeğini tüm kötülüklerden koruyup beslemek Yengeç burcu bireyi için en önemli olan şeydir. Yengeç burcu sarmalayan, kucaklayan ve besleyen hatta sıkıca tutup bırakmayan burçtur.

Haritalarımızda Yengeç burcunun kestiği evlerle ilgili konularda duygusal güvenceye ihtiyacımız artar. Bu alanlarda duyarlı, geleneksel, kapalı olabiliriz. Yine bizi besleyen alanlar buralar olacağı için, bu alanla ilgili konularda daha hassas olacağız demektir.

Aslan Burcu Sembolü ve Anlamı

Sembol 1   Sembol 2

Aslan burcunun yukarıda görülen ilk sembolü yuvarlak bir baş ve uzayan kıvrımlı bir kuyruktur. Bu bir aslan başını andırıyor diye düşünülse de aslında Aslan'ın dışarıdan bir etki almasa bile içinden yüksek bir enerji ve yaşam gücüne sahip olduğunu ve bunu dışarıya kolayca ve eğlenceli hale getirerek yaymasını anlatır.

Ayrıca Aslan burcu kalp ve sırt ile ilgilidir. İlk küçük kapalı daire kalbi ve devamındaki kıvrım onu yayıp pompalamasını temsil eder. Kıvrım ayrıca sırt, kuyruk şekline de benzer.

Güneş ve güneşin ışığını yayması da bu sembolün anlamlarından biridir.

Aslan sahip olduğu enerji, ışık, yaratıcılık ve cesareti cömertçe etrafına kan pompalar gibi yayar ve hayat verir. Aslan sahip olduğu her neyse onu cömertçe paylaşmak, yaymak ve hayat vermek ihtiyacındadır. Herkes birçok şey yapabilir, ama eğer ortamda bir Aslan varsa tüm dikkatleri üzerine toplayacak olan odur. Çünkü vücutta kalple olan bağlantısı, her yerin nabzını belirleyen, ortamların da kalbi ve odak noktası olmasını sağlar.

Haritamızda Aslan burcunun kestiği alanlarda kendimizi ortaya koymak isteriz ya da bir şekilde ortaya koymak istiyoruzdur. Burası bizim için kişisel bir tatmin alanıdır ve burada parlayıp göze görünmek, etkin olmak isteyebiliriz.

Aslan burcunun sembolü bu olsa da ben güçlü ve dinamik bir aslan hayvanı olan ikinci sembolü kullanmayı seviyorum. Aslanın yelesi Aslanların gür ve güzel saçları ya da erkeklerde saç dökülmüş olsa bile sakallarına verdikleri önemi en güzel yansıtan, kibir ve mağrur duruşlarını, kudretli ve görkemli oluşlarını yine en iyi aslan hayvanının yansıttığını düşünüyorum.

Başak Burcu Sembolü ve Anlamı

Sembol 1   Sembol 2   Sembol 3

Elinde bir demet başağı olan kanatlı bakire! Başak burcu öyle çok yönlü bir burç ki sembollerini anlatmak uzun sürecek. Yukarıdaki ikinci ve üçüncü sembole dikkatle bakın. İlki Başak burcu sembolü, ikincisi ise hastanelerde gördüğümüz meşhur Asklepios, yani tıbbın sembolü. Fakat daha yaygını Hermes'in kanatlı başı ve bir sopaya sarılmış iki yılandır başka bir deyişle Hermes'in kadüsesi. Hikâyesi şöyle: Başak burcunun yönetici gezegeni, haberci Merkür diğer bir deyişle Hermes, altın kılıca sarılı iki yılanı olan yeni bir asa denemek ister ve tıslayan iki azgın yılanın arasına sokar. Yılanlar asanın etrafına sarılırlar ve sonsuza dek asanın üzerinde kalırlar. Güçlerini iyiye kullanırlarsa Merkür'ün arabuluculuk, sağlık, şifa ve denge sağlayıcı özelliği ortaya çıkar. Merkür Başak burcunu çok sever ve burada onurlandırılmış bir kraldır. Sembolün tek yılanlısı da hekimler kralı Asklepios'un asasıyla gezdiği, bu asaya bir yılanın sarıldığını, bu yılanın zehrinden panzehir üretebilen, gümüş tasında ise çeşitli şifalı otlarla karışım yaparak ve her yeri gezerek insanlara şifa dağıttığını anlatan hikâyeler var.

Başak burcu sembolü yılan sarılmış bir asa şeklindedir, fakat tek özelliği bu da değildir, buradaki önemli unsur düzen, kavis, kıvrımlar, detaylar iniş çıkış olsa da istikrardır. Başak şifa, ilaç, ecza, sağlık, temizlik (bakire ruh ve temizlik) ile ilgilidir. Şifalı otları karıştırarak eski zamanlardan beri şifa verenlerin, hekimlerin, öğretmenlerin haritalarında yoğundur.

Çalışkan, pratik, soğukkanlı, yardımsever, düzenli, organize olabilen, ince detaylara hâkim ve en iyi servis, hizmet veren burçtur. Başak burcu insanı faydaya ve iyileştirmeye inanır, fayda ve hizmet vermeyen iş ve kişileri cahil ve eksik görür, ama onlara da öğretmek, onları değiştirmek ve ayıklamak ister. Yine bu sembol ters bir tarak gibi ayıklama, düzeltme ihtiyacını da ifade eder.

Yukarıda görebileceğiniz ikinci sembol elinde başak tutan bakire, güzel kanatlarıyla iyi kalpli ve yardımsever başak insanını betimler. O temizdir, ruhu daima bakiredir. Kimseyle olmaz demeyelim, sevdiğiyle olanlardandır. Sevdiğiyle olmayacaksa ömür boyu bekâr da kalabilir. Hepsi çok güzeldir, erkeği de kadını da! Bu nedenle Arap kültüründe sümbül olarak tasvir edilir.

Terazi Burcu Sembolü ve Anlamı

Sembol 1   Sembol 2

İlk sembol, gece, gündüz, sıcak, soğuk, erkek, kadın; kısaca zıt kavramlar arasında dengeyi sağlamaya çalışmayı anlatır. İlişkilerde hem dengeli hem de adil olmak da Terazi burcu ile bağdaştırılır. Terazi burcu sembolü ayrıca batan bir güneşi gösterir. Gerçekten de astrolojik açıdan ego, ben, kendini göstermek, eril enerji, lider, baba, patron, saltanat gibi özellikleri olan güneş artık yaz aylarına veda edecek ve dünyaya yazın olduğu kadar güçlü enerjisini yollamayacaktır, yani örneğin Aslan burcunda ve ağustos ayında cayır cayır yanan alev topu artık ışığı azalarak sönmektedir.

İşte bu yüzden Terazi insanı "ben" diyemez. Daima uyum sağlamaya ve dengeleri korumak adına ortada durmaya gayret eder. Yine birbirine bağlanmış iki kefenin durumu çok çabuk bozulabilir. Terazinin kefelerinin dengede olması en mühim konudur, çünkü ufacık bir problemde balans ayarı bozulur ve Terazi kişisi kararsız ve bir yerde bir gökte dengesiz bir moda girmeye başlar.

Themis, yani adalet tanrıçasını gösteren ikinci sembolde ise tanrıçanın gözleri bağlıdır, bir elinde terazisi, diğer elinde kılıcı ve ayaklarının altında yılan vardır. Adaleti sağlamak üzere taraf tutmayan ve kararını gözleri kör olarak veren gücünü, elindeki adalet kılıcından alan bir tanrıçadır. Bu sembol hukuk alanında karsımıza çıkar. Her ne kadar hukuki konular için Jüpiter ve Yay burcu sembollerini arasak da danışmanlık ve açık düşmanlar, davalar ve ilişkiler eviyle ilişkilendirilen Terazi burcu insanlarından epeyce başarılı hukukçular çıkar. Adalet konularında kefeleri dengeledikleri sürece harika bir muhakemeci ve nazikçe tahlil eden biri olurlar.

Batan güneş ve sönen ego, romantizm, denge ve çift olma arayışı, adalet ve adil olma takıntısı, ben diyememek... Terazi burcu sembollerinde bunların hepsi mevcuttur, fakat denge haritanızda Terazi burcunun kestiği ve yönettiği yerlerde dengeyi korumak çok mühimdir. Bu alanda daha diplomatik, nazik, tarafsız, hakem, barışçıl olabiliriz. Bazen Terazinin tarafsız hali çok eleştiri almasına neden olsa da o iki kefeden birine ağırlık vermek istemeyebilir ve diplomatik olması dengeyi bulmak isteyişindendir. "Haklısın", "Haklı bence", "Herkes kendine göre haklı", diye düşünür. Ben demeyi öğrenmek ve kararlı olmak en önemli sınavıdır.

Akrep Burcu Sembolü ve Anlamı

Sembol 1   Sembol 2

Akrep burcu "m" harfine eklenen kuyruk şeklinde bir ok ve ayrıca düşmanını sokmak üzere harekete geçmiş kuyruğu dik akrep ile sembolize edilir. Bu ilk sembol iktidar halinde bir penisin yeni bir hayat yaratmak üzere harekete geçmiş halini ifade eder. Akrep ölüm zamanında doğar ve güçlü bir hayatta kalma dürtüsü hisseder. Kuyruklu "m" harfi aslında detayları da anlatıyor, takıntı ve detay konusunda hiçbir burç Akreplerle yarışamaz. Bu kıvrımlı sembol onun takıntı ve detaylara düşkünlüğünü de ifade eder.

Akrep burcunun temel sembolleri bunlar olsa da kartal, güvercin ve akrep olarak da betimlenir.

1. Kartal: Asil ve yüce mertebelere ulaşmış, avlarını keskin gözleriyle on ikiden vuran kartal kendi gücünün farkında, analiz ve gözlem konusunda uzmanDır. Kendini asla diğer Akrepler gibi tutku ve arzularına esir etmez, güçlü, dinamik ve hedefine ulaşan akrep kişisidir.

2. Akrep : İşte bu akrep; sokucu, dürtüsel, seksin ve dürtülerinin esiri olan, egoist, güç ve zevk düşkünü, manipülasyoncu ve acımasız, aşkta ve savaşta her şeyi mübah gören, şüpheci, herkesi yönetmek isteyen ve bunu gizli ya da açık yapan, kartal gibi yükseklerde değil, malesef düşük çöl ve mağaralarda yerlerde gezen akreptir. Birçok insanın Akrep burcuna kötü atıflarda bulunmasına neden olan akrep tipi budur.

3. Güvercin: Son derece empatik, bir Balık kişisi kadar inançlı ve bir Yengeç kadar korumacı ve hassas olan, sevdiklerini koruyan, sahiplenen, tüm egosunu yenmiş, sezgileri güçlü, başkalarının ne hissettiğini hemen anlayan, şifacı, mistik ve ilahi olanla ilgilenen ender bulunan tiptir.

Aslında anka kuşu betimlemesi de vardır, o da küllerinden yeniden doğan ve asla yok olmayan kudretli, görkemli ve efsanevi kuşLa sembolize edilir. Akreplerde en çok bu özellik gözlemlenir.

Haritanızda Akrep burcunun yönettiği yerler ya da gezegenler varsa bu alanda güçlü olmak ister ve derinleşirsiniz. Güç savaşlarına bu alanlarda girersiniz, tutkulu, aşırı, takıntılı ve derine inme arzusu duyduğumuz alanlar, Akrep burcunun yönetimindeki alanlardır.

Yay Burcu Sembolü ve Anlamı

Sembol 1   Sembol 2

Yay burcunun ilk sembolündeki ok ve kuyruk, çift etkili ve değişken yapıda bir burç olduğunu ifade eder. Bu burçta da düalizm söz konusudur. En basit anlatımla gökyüzüne bakmayı, sınırları aşmayı ifade eder. Ok ve okun kuyruğu ya da ikinci semboldeki kentaurun elindeki oku gökyüzüne fırlatmak üzere dimdik yukarı kaldırmasının anlamı, en yükseğe, sınırları aşmak istercesine uzaklara göz diktiğinin işaretçisidir.

Mental ve fiziksel olarak en yüksek seviyeye ulaşma arzusudur bu. Sınırları aşmak ve uzaklara duyulan güçlü bir merak nedeniyle yaydan fırlayan ok misali hevesle ilerlemeyi anlatır, fakat bu sınırsızlık ve belirsizlik içinde okun nereye düşeceği de belli olmayacaktır. Kentaur (üst tarafı insan, alt kısmı ise at olan mitolojik yaratık) elinde gergin bir yay ve ok tutar. Bu sembolde de düalizm söz konusudur, çünkü Yay burcu, at bedeniyle bir atın hızının, sporseverliğinin ve bu konudaki yüksek kabiliyetlerinin, düzgün ve kıvrak vücudunun ve gücünün yanı sıra, insanın sınırları aşma, hedef belirleyip o hedefe doğru koşma, gezgin ve sınır tanımaz yapısı ve dinamik-hareketlilik potansiyelini yansıtır.

Uzaklara ulaşmak, yeni yerler tanımak, farklı kültürlerle yoğrulmak, fikir ve hareketlerde özgürlük, gerginlik, huzursuzluk ve amaçlarında idealist, bir o kadar da yenilikçi olmak Yayların en belirgin özelliğidir.

Göğe ok atan yay muhakkak gökyüzünün bilgisine de meraklı olacak astronomi-astroloji, din, felsefe ve göksel bilgilerle de ilgilenecektir.

SON SÖZ

Siz düzelecek umuduyla beklerken aşk çoktan gitmiştir.

Anonim

Umut Aşktan Daha Sadıktır!

Siz kangren olan yaraya türlü devalar bulurken kangren kalbe çoktan sirayet etmiştir. Kırılır kayaları çekmek için uğraşan zavallı kelebeğin kanatları... Sonunda ölüm olur, zulüm olur. El elde, baş başta yapayalnız dibe vurduğunuzda artık orta yol yoktur. Araf yoktur artık can çekişirken, ya ölür kurtulursunuz ya da daha kuvvetli doğarsınız küllerinizden. Havuzun dibinde boğuluyorum diye çırpınıp ölüme teslim olurken fayansa değen bir parmak dokunuşuyla yükselirsiniz yeniden hayata.

Sonra mevsimler geçer, yıllar ve teşekkür edersiniz kalbi kaya gibi, taş gibi katı, sevginizle ve nezaketinizle yerinden oynatamadığınız malum insanlara....

İyi ki kıpırdamamışsın da yerinden nazik kanatlarım, hoyrat katı yüzeyinde onurlandırmamış boş yere seni. İyi ki gücüm yetmemiş de son nefesimi vermeden kaçıp kurtulmuşum dersiniz. Umut aşktan daha sadıktır siz umutla beklerken aşk gitmiş ve kalbiniz bin yıllık bir köze dönmüştür.

İçin için yanar ama küllendirirsiniz ele güne karşı.

Meczubun heybesinde merhemi yok mu sandın?

Nefsinin ateşini ateşi aşk mı sandın?

Bir damlacık suyunu lebi derya mı sandın?

Yanmayı bilmiyorsan tepemde ah vah etme!

Sevmeyi bilmiyorsan acıma imdat etme!

Yoksa sürecek merhemin daha da berbat etme!

Yukarıdaki edebiyattan, aşağıdaki de benden:

Ve unutma, hatırla,

Her insan kalbi gibi yaşar hayatı! Kimi katı bir kalbe sahipse, yüzüne vurur köşe köşe alameti, kimi yumuşak ipekler gibi bir kalbe sahiptir görürsün yüzünde şefkat ve merhameti. Kiminin kalbi aşkla doludur Mevlevi dervişler gibi pervane olur ihtiyaç sahiplerine, kiminin kalbi taşla doludur, yuhalar, söver sayar durur öteye beriye. Eğer iyilik yapıp kötü bir karşılık aldıysan, bir tebessümü çok gördülerse sana üzülme! Bil ki iyilik yapmak ancak iyiliklerle dolu bir kalbin sahibine nasip olur. Nezaket ancak alçakgönüllü kimselerde bulunur.

Kimse kendinde olmayanı sana veremez. Herkesin kalbinin genişliği Kalu Bela'dan belliydi, kimi yüreğine kâinatı sığdırdı, kimi yumruk kadar kalbine çimdik kadar iyiliği koyacak yer bulamadı. İyilik yaptın da iyilik bulamadın diye üzülme bakracında zift olandan ayran içilmez, gönül gözü kör olanla sırat geçilmez, vefadan yoksun olanla hayat çekilmez.

Eğer iyiysen sen kötüye de iyiye de iyilik edersin zaten mayan bu, ama senin mükafatın yine sen gibi gönlü geniş, ummadığın hiç bilemeyeceğin birinden gelecek. Dedim ya, kötüye iyilik etmek nasip olmayacak kural belli. Sen iyilik yap denizlere at, balık bilmezse Yaradan Halik bilecek bu devran böyle sürüp gidecek. Nankör bir kalbe çıktıysa yolun, nezaketle girdiğin gönlün kapısında azarlanıp kötü odalara atıldıysan yine nezaketle gitmeyi bil, çünkü hiçbir iyi insan kötü bir kalpte misafir olmaz.

Ve duam odur ki herkes gönlünün güzelliği nispetince yaşasın hayatı inanın öyle de oluyor hikâyenin sonunda pamuk prensesin esaret hayatı bitiyor ve kötü kraliçe ölüyor. İş hikâyenin sonuna kadar sabredebilmekte!

İlla istiyorum, üzülüyorum isyan ediyorum, ama illa istiyorum, yine de sevgisini içimde taşıyorum diyorsan üzülme, kalbini bu kadar güzel yaratana teşekkür et. Ve de ki, "Ey kalpleri evirip çeviren, insanı halden hale sokan, beni ve sevdiğimi en güzel hale koy ve kalplerimizi birbirimizin sevgisi üzerine sabit kıl. Böyle olduğumuz şekliyle de kendine bağlı kıl. Böylelikle bize sevgiden başka hiçbir şey ilişmesin."